超级大侦探

一分钟破案

巧破谜案

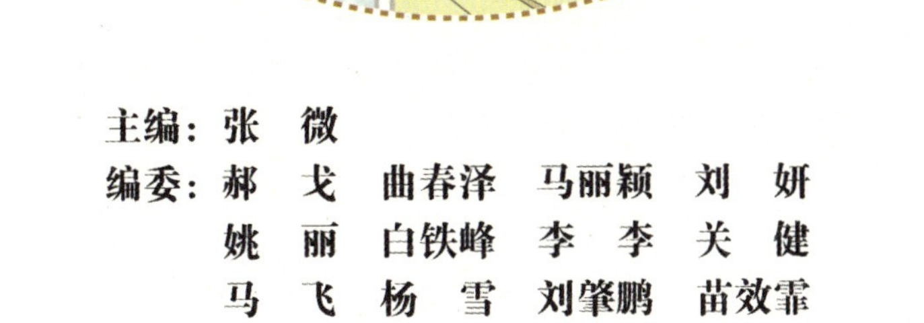

主编：张　微

编委：郝　戈　曲春泽　马丽颖　刘　妍

姚　丽　白铁峰　李　李　关　健

马　飞　杨　雪　刘肇鹏　苗效霏

哈爾濱工業大學出版社

HARBIN INSTITUTE OF TECHNOLOGY PRESS

图书在版编目（CIP）数据

一分钟破案. 巧破谜案 / 张微主编. -- 哈尔滨：
哈尔滨工业大学出版社, 2017.6
（超级大侦探）
ISBN 978-7-5603-6485-8

Ⅰ. ①一… Ⅱ. ①张… Ⅲ. ①刑事侦查 – 青少年读物
Ⅳ. ①D918-49

中国版本图书馆CIP数据核字(2017)第040715号

策划编辑　张凤涛
责任编辑　张凤涛
装帧设计　博鑫印务
出版发行　哈尔滨工业大学出版社
社　　址　哈尔滨市南岗区复华四道街10号　邮编 150006
传　　真　0451-86414749
网　　址　http://hitpress.hit.edu.cn
印　　刷　哈尔滨市石桥印务有限公司
开　　本　787mm × 1092mm　1/16　印张 10　字数 200千字
版　　次　2017年6月第1版　2017年6月第1次印刷
书　　号　ISBN 978-7-5603-6485-8
定　　价　25.00 元

目录
CONTENTS

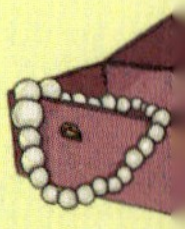

三个有可能是凶犯的人

退休的邮政局长汤逊，每天都有早晨运动的习惯。这天早上，他在公园晨练时，被人袭击毙命。

警方的调查显示，这是一宗劫杀案，汤逊是被凶手用硬物击中后脑，受重伤而死亡的。凶手还从他身上掠去了所有的财物。

警方的调查又显示，是凶手一个人单独做的案。

在一连串的详细侦查之后，警方发现了三个有可能是凶犯的人：甲——麦根，他当日曾牵着狗在公园出现；乙——卡登夫人，她当日曾在公园织毛衣；丙——画家查理，他当日曾在公园写生。警方相信，凶手是利用自己身边的工具，袭击汤逊的。现在，凭您的推理，你认为谁是凶手呢?他用什么做凶器呢?

我是答案

三个有可能是凶犯的人

凶手是甲——麦根，只有他带有可致人死命的凶器，只要把狗链缠在手上，就是可一击致命的硬物。

公园里的尸体

星期六，一个学生在红玫瑰酒店服毒自杀。第二天，酒店服务员发现了死者，便立即告诉主管。“是不是马上报警?”服务员问。

“别那么傻。是他自己找死，我们何必去惹麻烦呢?只要警察一来，这件事便会宣扬出去，对酒店的声誉大有影响。”

“但尸体不能不处理啊!”服务员说。

“丢到后面的公园里吧，那里是有名的自杀场所。上个月，已有一对情侣在那里自杀，警察无非以为又多一宗自杀案而已。”

午夜，当所有旅客都睡着后，服务员和主管便悄悄地将尸体抬到后面的公园去。

他们在草丛中看到一张白天被游人丢弃的当天的日报，便把尸体放在上面。然后将遗书塞入死者的口袋里，并把有毒的杯子放在尸体脚边，令人看来真的像是在公园里自杀一般。而主管和服务员也做得十分利落，没留下丝毫与己有关的证据。

第二天早上，尸体被发现了，经验尸证实死亡时间应在本月25日星期六晚上9时左右。

老练的刑警队长，在观察过现场后便说：“即便是自杀，发生的地点也不是这里。我肯定是有人怕麻烦，才将尸体迁移到这儿的。”

我是答案

公园里的尸体

报纸上的日期揭露了真相。因为死者是在星期六(25日)自杀的，又怎么会躺在星期日（26日）的报纸上呢？

肇事者逃逸之后

一天晚上，两名中学生正在街道上散步，突然看见前面不远处一个年轻的女子被车撞了。开车人假装要送她去医院，将其抬上车，然后开走了。两名中学生觉得有些不对劲儿，就报了警。

警察接到报案后，马上赶到了现场。并迅速与各医院取得了联系。但是，没有哪家医院接收了被撞伤的女子。警察推测，由于被害人可能已经当场死亡，尸体是被肇事者拉走了，一定还会在途中什么地方被扔掉。

因为是性质恶劣的肇事逃跑事件，警方立案侦查。经检验，被害人血型是O型和A型。

这么说，被撞的有两个人吗？

但根据两位目击者的证言，被害人肯定是一个人。而且，肇事司机没伤到一根毫毛，所以绝非是他的血混到里面了。

那么，在事故现场，怎么会有两种血型呢？

我是答案

肇事者逃逸之后

被害人拥有两种血型。

该被害人的血型为O型和A型。

这是极特殊的个例，就是说被害人一个人拥有两种血型，生物学上称之为血型嵌合。

另外，双胞胎的一方也常有两种血型，生物学上称之为血型嵌合体。

打赌中玩的花样

瓦郎先生是个盲人音乐家，在歌剧院里担任第一小提琴手。可在昨天晚上，他把心爱的小提琴输给了他的朋友汉斯了。他感到很委屈，也很后悔，所以打电话把这件事告诉了戈麦斯局长。

戈麦斯局长和瓦郎先生都是艾达维尔城的名人，经常在社交场上会面，对于瓦郎先生的求助，局长是决不会推诿的，所以准备前去登门拜访。小侦探勒鲁瓦钦慕这位音乐家已久，也想去见识一下这位名人。

父子两人来到一所华贵的别墅，由仆从将他们领进了一间书房。音乐家瓦郎先生已在那里等候了。

“说来真荒唐，”瓦郎先生叙述说，“昨晚我以小提琴和汉斯先生打赌，我将装着冰块的杯子锁到这间屋子的保险箱里，请汉斯走出屋去，他要在一个小时内将姜汁调换保险箱里的冰块。我把房门上了两重锁，觉得这事绝不能办到，可是一个小时后，当我再从保险箱里取出杯子时，杯子里装的居然是姜汁，我输了，只好将心爱的小提琴送给他，可是我怎么也弄不明白……”

父子俩认真地听着这位音乐家的叙述，觉得事情确实不可思议，戈麦斯局长说道：“请把经过讲得详细些，特别是一些细节。”

瓦郎先生继续说：“有几点我必须强调的：第一，杯子里的冰块在放进保险箱时，我还用手摸了一下，确实是冰块；第二，一小时后，杯子从保险箱取出来时，我还尝了一下，确实是姜汁饮料；第三，我亲自锁保险箱门，一个小时内，我屏心静气，注意响声，什么声音也没听到，然而汉斯居然成功了。”

小侦探勒鲁瓦说：“恐怕你忘了最主要的一点，这次打赌是汉斯提议的。”

“对!”盲人音乐家表示赞同，“因为他对我的听觉表示怀疑，所以我发狠心，将心爱的小提琴作为赌注。”

戈麦斯局长感到很为难，但他安慰说：“既然你同汉斯先生是好朋友，我去同他说说，让他把小提琴还给你!”

“这是我的自尊心所不能允许的。除非你能揭穿他在这次打赌中玩了什么花样。”

戈麦斯局长正思考时，小侦探勒鲁瓦却发言了：“汉斯先生在打赌中确实玩了花样……”

事后，戈麦斯局长去找汉斯。汉斯承认了自己在打赌上玩了花样，其方法正如勒鲁瓦所说的那样。他心甘情愿地将小提琴退还给盲人音乐家了。

你能揭穿汉斯在这次打赌中玩了什么花样吗?

我是答案

打赌中玩的花样

他来时用保温瓶装了姜汁冻成的冰块，换掉了瓦朗先生杯子里的冰块。因为瓦朗先生没有视觉，当然看不见他带来了什么东西。事实上，放进保险箱里的并非瓦朗先生准备好的冰块，而是汉斯带来的姜汁冰块。一个小时后，姜汁冰块在保险箱里化成了水，就复原为姜汁了。

哪个使臣的黄金分量不足

有个皇帝，派出10名使臣到各地征收黄金，限10天之内每人征收千两。

10天后，10名使臣都按期回朝交差。黄金都是按皇帝的旨意装箱的：每个使臣交10箱，每箱100两，二两一块。这时，皇帝忽然收到一封密信，说有一使臣在每块黄金上都割去一钱，肉眼看不出来，皇帝吩咐内侍取来一杆10斤的盘秤，然后对满朝文武官员说："谁能一秤称出是哪个使臣的黄金不足，定有重赏。"说罢命令那10名使臣各自站在自己交出的10箱黄金前。

满朝文武官员面面相觑，因为只称一次就能称出少一钱，这的确是个难题。但有个大臣想了一个办法，居然解决了这个难题。试问，他是怎样称的呢?

我是答案

哪个使臣的黄金分量不足

这个大臣想的办法是：在第一个使臣的黄金箱里拿1块，第二个拿2块，第三个拿3块……第十个拿10块，都放在秤盘上，用秤一称，如果缺5钱，于是知道是第五个使臣贪污了黄金。因为他是拿的5块，每块少1钱，所以是5钱。如果是第一个使臣拿的，因为只拿了他一块黄金，就少1钱。这个办法确实是十分巧妙的。

在淋浴室被杀的女大学生

在女子大学体育馆的淋浴室，一女大学生被杀。她全身一丝不挂，长长的头发披散着盖在脸上，样子十分恐怖。似乎是被用细绳一类的东西勒死的。然而，现场只有一条公用毛巾，没有发现有绳子一类的东西。

因为案发时，还有另一名女生一同在浴室洗澡，所以此人被列为嫌疑犯。然而，她是光着身子空手从浴室出来的，当时在门外的同年级同学可以证明这一点。

公用毛巾是无法代替绳子的，而且也没有凶手将绳子通过排水口冲走的迹象。

刑警查看了现场后感到不可思议。无意中，他注意到什么。

“原来如此，明白了。”他马上发现了凶器。

你能想到凶器究竟是什么吗?

我是答案

在淋浴室被杀的女大学生

凶器是长头发。

用于绞杀的带子，原来是被害人自己头上长长的头发。

最初，被害人的头发是一个或两个缠在一起的。同她一起淋浴的凶手，从其身后将其长长的辫子绕在其脖子上，把她勒死。然后，凶手再将辫子拆散，走出了浴室。

通缉犯的发型之谜

一天，好友小林警官垂头丧气地来到亨特的侦探事务所。

"亨特，你要是发现了这个家伙就通知我。这是那名通缉犯的推测照片。"小林说着从上衣口袋里掏出一张照片递给亨特侦探看。照片上的人留着分头，戴着墨镜。

"这个人犯了什么案?"

"这一个月来，夏威夷接连有几家饭店遭到怪盗的洗劫。这个怪盗的作案特征是专门趁日本游客洗海水浴的空隙，潜入客房盗窃现金和宝石。终有一天该他不走运。四天前，他在行窃时被饭店的服务员发现，但他打倒了服务员后逃跑了。似乎是乘飞机逃到东京来了。所以，夏威夷警方根据服务员的证词，给犯人画了像，请我们协助追捕。"小林警官做了以上说明。

亨特侦探认真地看着照片。他惊叫道："哎呀!要是这个家伙，我还真知道。就是昨天才搬进这家公寓4楼的那个人。"

"噢，这么巧?"

"是的，脸非常像，只是发型有点儿不同。"

"不管怎样咱们还是去看看：你带我去吧。"

两个人马上来到4楼，敲响了413室的门。门开了，一个男人从里面探出头来。

的确，此人跟照片上通缉的那个人长得一模一样，但发型是背头。

"喂，洗劫夏威夷饭店的就是你吧!"小林警官把通缉照片送到他的眼前。

“这怎么可能呢?我的头发，你们看!是背头呀。从十几年前起我一直是这种发型。而这照片上的人梳的不是三七开的分头吗?只是长得像我，但并不是我。”对方答道。

“头型只要有把梳子，要什么型就有什么型，而你晒黑的脸就足以证明你在夏威夷待过比较长的时间。”

“我的脸是打高尔夫球晒黑的。随你怎么怀疑，也拿不出我梳过分头的证据吧!要想逮捕我，就拿出证据来看看。”

就连小林警官也被噎得没话说了。

这时，亨特侦探从旁插话说：“那么，就请你配合我做个实验吧，就做一个。如果通过这个实验，就能证明你的清白，你不是也清

白了吗?”

对方犹豫了一会儿，还是答应了。“可以，你做什么实验我不管，但只要能证明我是清白的，我会乐意协助你的。”

亨特侦探将对方带到附近的一个理发店做了个实验。于是，拿到了他最近梳过三七开分头的证据，马上戳穿了他的谎言。

“不愧是名侦探呵!”小林警官对亨特侦探的聪明佩服得五体投地。

你能想到吗，亨特侦探到底做了什么实验，看破了此人的伪装呢?

我是答案

通缉犯的发型之谜

亨特侦探将此人领到理发店，给他剃了个光头。这样一来，此人头上就清楚地露出梳过三七分头的痕迹。

梳着分头，如果在常夏之国的夏威夷待上一个月，那么，分着的线就会挨阳光的晒，如果把头发剃光，那么发青的光头上就会露出阳光晒过的痕迹。

"遗言"中的秘密

某甲因贪污巨款而被拘留审查。但经过依法搜查，却不见巨款踪影。

某甲深知罪责难逃，急于消除罪证。一日某甲的妻子来探望，某甲递出一张纸片说："这是我的遗言。"看守人员检查了内容，见是一首悔恨诗：

绿水涛涛心难静，
彩虹高高人何行？
笔下纵有千般语，
内心凄凉恨吞声。
账面未清出破绽，
单身孤人陷囹圄。
速去黄泉少牵挂，
毁了一生怨终身。

看守人员见没有什么，就转给某甲妻，某甲眼见计将成功，不禁高兴万分。

正在这时，检察官赶来检查诗，凝神看了几遍，喊道："有了！"检察官根据悔恨诗所暗示的内容，一举查获了巨额赃款。

请问，检察官怎么知道赃款的隐藏地点的？

我是答案

“遗言”中的秘密

此是一首“藏头诗”，每句开头一字为暗示处。8句开头的字连起来，则为“绿彩笔内账单速毁”。故而检察官在绿色的水彩笔内找到了赃款藏匿的清单。

盲人约特的遗书

马克斯与约特是一对盲人朋友。

约特感到自己活不多久了，便对好友说：“马克斯，有一件事拜托您。我想写份遗书，请您代为保存。”他接着说，“如果我死了，将一半财产给妻子，一半财产给我弟弟。”

躲在一旁偷听的妻子一听，恨得直咬牙。

约特呼唤妻子的名字，要她取来钢笔和纸，妻子却挖苦道：“眼睛看不见，还能写字吗?”

“你磨蹭什么!快点把纸与钢笔给我!否则，我将财产全给弟弟!”

妻子无奈，只得把笔和纸递给丈夫。

维特写道：“我死后，将财产中的一半分给弟弟。”随后，署名，装入信封，直接交给了马克斯。

一个月后，约特病情恶化死去。马克斯叫来约特的弟弟，将遗书交给他。

弟弟当场打开信封，取出一看，大惊失色。遗书竟是一张白纸。

“你是不是被我嫂子收买了?要这偷梁换柱的可耻把戏?”

马克斯接过遗书。不一会儿，他便说：“你看，这确实有字，是你哥哥的遗言。”你知道这是怎么回事吗?

我是答案

盲人约特的遗书

遗言是用没有墨水的钢笔写的，但却在纸上留下了凸凹的痕迹，被马克斯敏感的指尖摸了出来。

李亨智断盗茄案

有个菜农，种菜的技艺甚好，他的菜一上市就被抢购一空，引得邻居又妒又羡。一次，那菜农种的茄子刚刚成熟，邻居就趁夜偷了个精光，一大早挑到集市去出售。

菜农正要到园子里去采摘蔬菜，发现一片茄子地只有光秃秃的茄叶，情知遭了偷窃，正惊疑间，忽有一个小孩飞跑过来报信：“伯伯，伯伯，隔壁家的伯伯偷了你的茄子，正慌慌张张挑着上集市去哩。”

菜农听了火冒三丈，急忙赶上官道，很快就追上那个偷茄贼。

岂料那贼说：“这茄子是我自家的，你不要诬陷好人!”

菜农说：“这是我家的，我认得的。你种的茄子哪有我的好?!”

两人争吵了许久，最后竟到县府打起官司来。

县令李亨见他们吵吵嚷嚷，冷冷地说：“准也不准争吵!把茄子统统倒出来看看!”

差役奉命将茄子倒在厅堂上。只见那些茄子泛着又油又亮的紫色光芒。只是个头瘦小，显然还没有完全长得饱满、结实。

李亨观察了一会儿，心中已明白了几分，便问：“是谁拿到市上去卖的?”

偷茄贼道：“是我。自己种自己卖呗。”

李亨对偷茄贼喝道：“你就是小偷!”

李亨凭什么断定这个人是小偷?

李亨智断盗茄案

因为如果真的是他的茄子，他怎么会舍得在它们还没有完全成熟时就摘下来去卖呢？

我是答案

华盛顿智抓小偷

美国的第一任总统华盛顿，一直是美国人民的骄傲。他从小就天资过人，少年时在家乡威斯特摩兰做的一些事被人们广泛地传颂着。

有一次，华盛顿的邻居遭偷，损失了许多衣服和粮食。村长召集村民开会，大家你一言我一语，讨论了好久也想不出一个破案的办法来。华盛顿把村长拉到一旁悄悄说：“从偷窃的东西和时间来看，小

偷一定不出本村。”

村长说：“你有什么办法破案呢?”

华盛顿说：“有。您只要如此这般就行了。”

晚上，村长将村民们召集到麦场上，说是听华盛顿讲故事。那晚，月光皎洁，星星晶亮，华盛顿开讲道：“黄蜂是上帝的特使，它有一双亮晶晶的大眼睛，能够辨别人间的真伪、善恶，乘着朦胧的月光飞向人间。”华盛顿忽然停了一下，猛然大声喊道：“哎，小偷就是他，就是他!他偷了普斯特大叔的东西，黄蜂正在他帽子上兜圈圈，要落下来了，落下来了!”

突然，华盛顿大喝一声：“小偷就是他!”说完，说出了自己的理由，小偷想抵赖也抵赖不了。

你知道华盛顿是怎样辨出小偷来的吗?

我是答案

华盛顿智抓小偷

当华盛顿说“小偷就是他，就是他!他偷了普斯特大叔的东西，黄蜂正在他帽子上兜圈圈，要落下来了”时，别人都很好奇，一个个都扭头互相观望，想看看黄蜂是否真的在某人头上。那个做贼心虚的小偷不知是计，慌忙伸出手想把帽子上的黄蜂挥开……其实，哪有什么黄蜂?!这样，小偷就不打自招了。

老金斯的老邻居

海力警长驱车刚刚检查了两个街区，此时正经过某住宅区。突然，他发现路旁躺着一个人。海力下车一看，那人已气绝身亡，脖子上留有明显被勒的痕迹。

这时，已是午夜，附近一家住宅走出一个人来。他走上前来弯腰一瞧，惊恐地喊了起来：“啊，这不是老金斯吗!我料到会出这事。我警告过他!”

“警告过他什么?你是谁?”海力问。

“警告他不要总是把金币弄得叮当响。我是罗蒂芬。老金斯和我是二十年的老邻居了。几分钟前我见他走过去——他总喜欢把他的金币弄得叮当响，好像特意要招人抢劫似的。”

“那金币值钱吗?”

“钱倒值不了多少，老金斯是把它当护身符。我告诉过他小心点的，有没有被偷走?”

海力检查了尸体，从裤子的右边口袋里发现了一枚金币。又在他口袋里发现了唯一的1美元纸币。

海力很快逮捕了罗蒂芬。

你知道海力逮捕罗蒂芬的依据是什么吗?

我是答案

老金斯的老邻居

金斯口袋里只有一枚金币，因此不可能发出叮当叮当的声响。

汽车厂的工人之死

茹科夫斯基的尸体躺在粗糙的水泥地上，四周都是殷红的血，那龇牙咧嘴的样子，令人心惊肉跳。他嗜酒如命，是俄罗斯彼得堡的一个汽车厂的工人。

刑侦二局值班警官巴拉巴诺夫和法医对尸体进行了检验，发现头部撞伤。巴拉巴诺夫根据现场分析，头部的伤是死者由上往下摔倒撞击地面所致。

“是头先着地。”法医敲着死者的头骨小声地对巴拉巴诺夫说。话音刚落，死者的妻子冈察罗娃从楼上缓缓过来，泪流满面，声音嘶哑而颤抖。她向巴拉巴诺夫警官讲述了事情的经过。

“今天上午，我丈夫茹科夫斯基喝得醉醺醺回来。我气冲冲地吼了他几句。他紧绷着脸，站到窗口上去擦玻璃。突然，我在厨

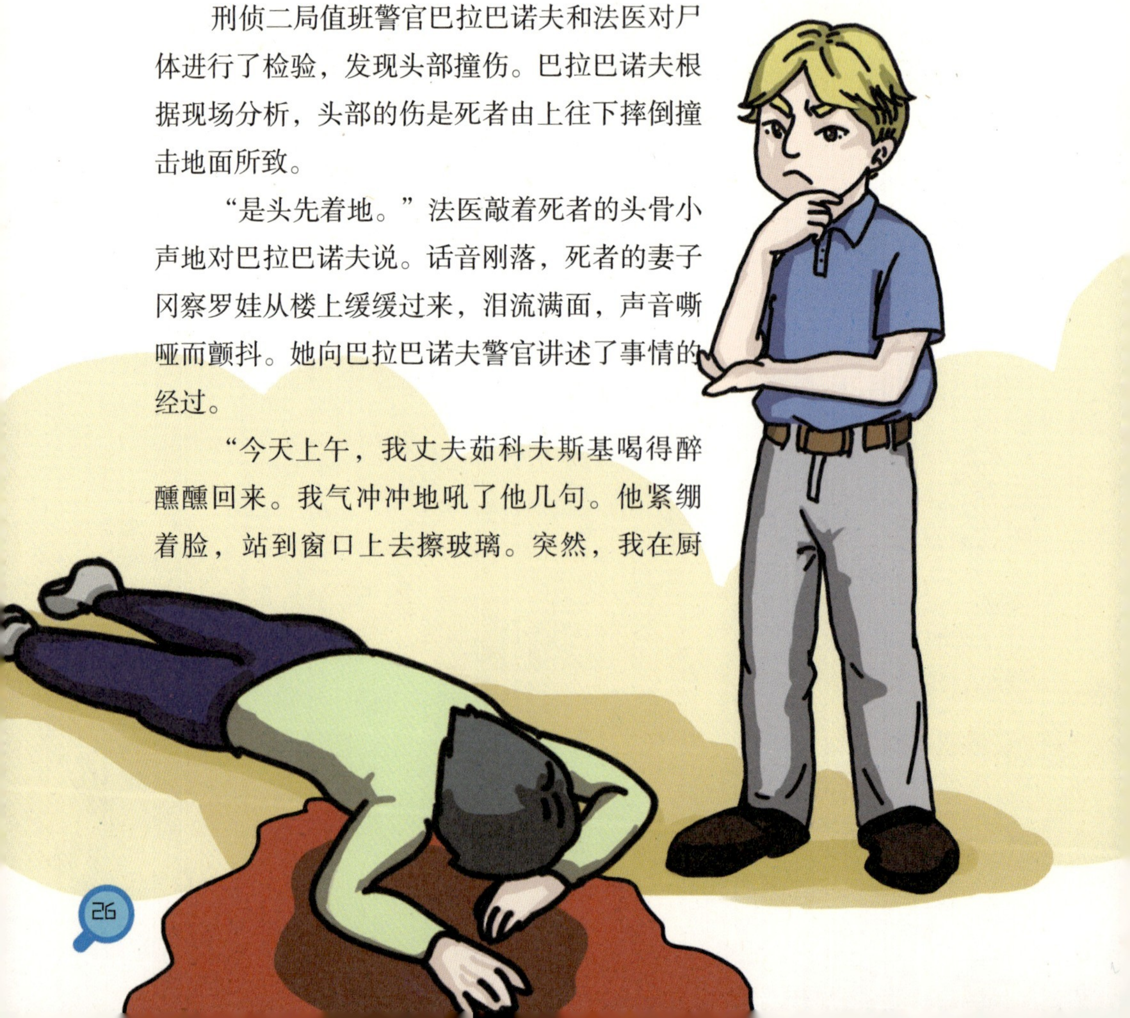

房里听到他一声惨叫，我从厨房奔出来，只见我那酒鬼丈夫摔死在窗户下。”

巴拉巴诺夫警官循着冈察罗娃的手指头观察着二楼的窗口，然后走近靠窗下的一棵大树。他突然发现一片树叶上有血迹。他将一片树叶轻轻地摘下送去化验，结果树叶上的血迹与死者的血型相同，同时也验证了茹科夫斯基确系酒后所亡。当晚，冈察罗娃却被逮捕了。请问，巴拉巴诺夫警官为何要这样做？

我是答案

汽车厂的工人之死

酒鬼由上往下摔倒时撞击水泥地面而死，血迹不可能溅到二楼那么高的树叶上面。

窗玻璃上的线索

一个炎热的晚上，某海滩边的一座旅游大厦里突然传出两声枪响，划破了这夜的宁静。大厦里顿时一片混乱。等到警察赶到枪响处——大厦715房间时，发现刚住进大厦的贵族后裔安娜夫人已身中两枪而亡。

大名鼎鼎的比利时侦探波洛当时也正住在这里，应警长米洛克的邀请，也赶到715房间。在发案现场，安娜夫人斜靠在面向海滩的落地窗前，洁白的纱裙被鲜血染得斑斑驳驳，脚下掉有一支已经开了盖的唇膏。撩开浅绿的窗帘，窗玻璃上留有口红写下的一组数字："809"。

根据现场情况，波洛和米洛克都一致推断出，凶手是在安娜正在窗前的梳妆台前化妆时突然闯进来的，猝不及防的安娜背靠落地窗，在凶手一步步逼近时，急中生智，用身体挡住凶手视线，背着手用口红在窗玻璃上写下追查凶手的线索。可是"809"究竟是指什么呢?

海风带着咸腥味飘进房来，浪涛不停地冲刷着海边的石头，发出阵阵此起彼伏的撞击声，也冲刷着他们疑惑的心，许多推理被他们一次又一次自我推翻。在继续搜查中，从安娜手提袋的夹缝里，发现了一个卷紧的纸筒，里面写着："因为父亲的冤仇，几个家族的后裔都打算谋害我。我若遇害，请追查以下三人，其中一人是凶手：M.科波菲尔——806，C.T.凯菲茨——608，D.米歇尔——908。"

米洛克一阵高兴，可是当他比较了纸条和窗玻璃上的数字后，失望地直摇头："这些号码哪个也不是809，难道是别人干的?"

波洛想了想，笑着对米洛克说：“警长先生，不是别人干的。”接着，他肯定地说出了凶手的名字。

你知道凶手是谁吗？

我是答案

窗玻璃上的线索

凶手就是C.T.凯菲茨——608，之所以数字不一样，是因为：当时，安娜背着玻璃窗，只能反手写。由于反手关系，她写的608，从正面看，就成了809。

两个可疑的人物

在一间别墅里面，发生了一宗杀人案件。死者是一位富有的商人。

警方到现场进行调查时，凶手已经逃得无影无踪。于是，他们便向周围的人查询，并发现屋外栽有矮树。

一位刚巧在凶案发生时经过现场的男子，向警方提供了一些情况。

他证实，在较早时，他经过了现场。他由屋外的磨砂玻璃向窗内

观望时，见到有一阵阵的烟由磨砂玻璃处溢出，似乎有一个人在里面吸烟。只是，他并未看清楚凶手的真正面目。

警方经过调查，发现凶案发生时，有两个可疑的人物进入了屋内，一个是1米55高的网伦，一个则是身高1米87的米高，但两人之中，只有一个是凶手。

根据上述情况，亨特侦探毫不犹豫地指出了凶手。

请你运用自己的推理能力，确定谁是杀人凶手?

我是答案

两个可疑的人物

是矮的网伦。他在屋内吸烟时，由于被屋外的矮树所阻，所以外面的人看不到屋内人的面目。

住在隔壁的通缉犯

珍妮姑娘浑身颤抖，那个女人好像是受通缉的维朗尼卡·科特!

这是在湖滨旅馆，珍妮姑娘乘电梯看见一对穿着入时的夫妇时吃了一惊。他俩虽然戴了大号的太阳镜，但那女人的嘴形和步态，让珍妮姑娘想起一部新上映的电影。电影里的那个女人叫维朗尼卡·科特，当时她在一所大学里任教。而此刻，她正在受通缉，因为她和一次爆炸事件有牵连，在那次事件中有三人丧生。

珍妮姑娘走进自己的房间时，看见那对夫妇走进了隔壁房间。

珍妮想：“说不定，她并不是维朗尼卡·科特。假如没弄清事情，就请警察来打扰这对正在海滨好好度假的年轻人，真有点不忍心。不过，如果我能弄清楚他们在说什么，那倒可以给我提供一些线索。”她贴近墙壁，但只能听到一些分辨不清的微弱声音。她把一个玻璃杯反扣在粉红色的糊墙纸上，结果仍然听不到什么。

她给服务台挂了个电话。

一会儿，科尔医生带着一个黑色的小提包走了进来。珍妮向他解释了自己的疑虑和打算。他耸了耸肩说：“可能不行吧。”

珍妮说：“这种办法也许行。事关重大，还是试试吧。”

她从科尔的提包里取出一个东西，用它贴着墙壁，想偷听隔壁房间的谈话内容。啊，听清了!

他们真是科特夫妇，正在商量如何赶一趟飞往阿根廷的班机，以便脱离被逮捕的危险。

于是，珍妮马上给警察局挂了电话。

当天晚上，电视新闻的头条消息是：科特夫妇在湖滨旅馆被捉拿归案。

你知道聪明的珍妮从科尔的提包里拿出的是什么东西吗？

我是答案

住在隔壁的通缉犯

是听诊器，因为科尔是医生，自然随身带着听诊器。正是由于借助了听诊器，珍妮才听清了隔壁房间的谈话内容。

一串名贵的珍珠项链失窃之后

“丁零零……”

一大早，波兰某城市警察局的一个办公室里响起了电话铃声。

警察韦尔奈一把抓起话筒：“您好，哪一位?”

听筒里传来急促的声音：“我是城中大亨珠宝店，我叫丘吉，我们这里有一串名贵的珍珠项链被盗，请派人来破案!”

几分钟以后，警察韦尔奈来到了珠宝店。

店老板丘吉告诉他，珠宝店关门停业了三天，今天上午刚开店便进来一位顾客。他让打开柜台，要看里面的手表。

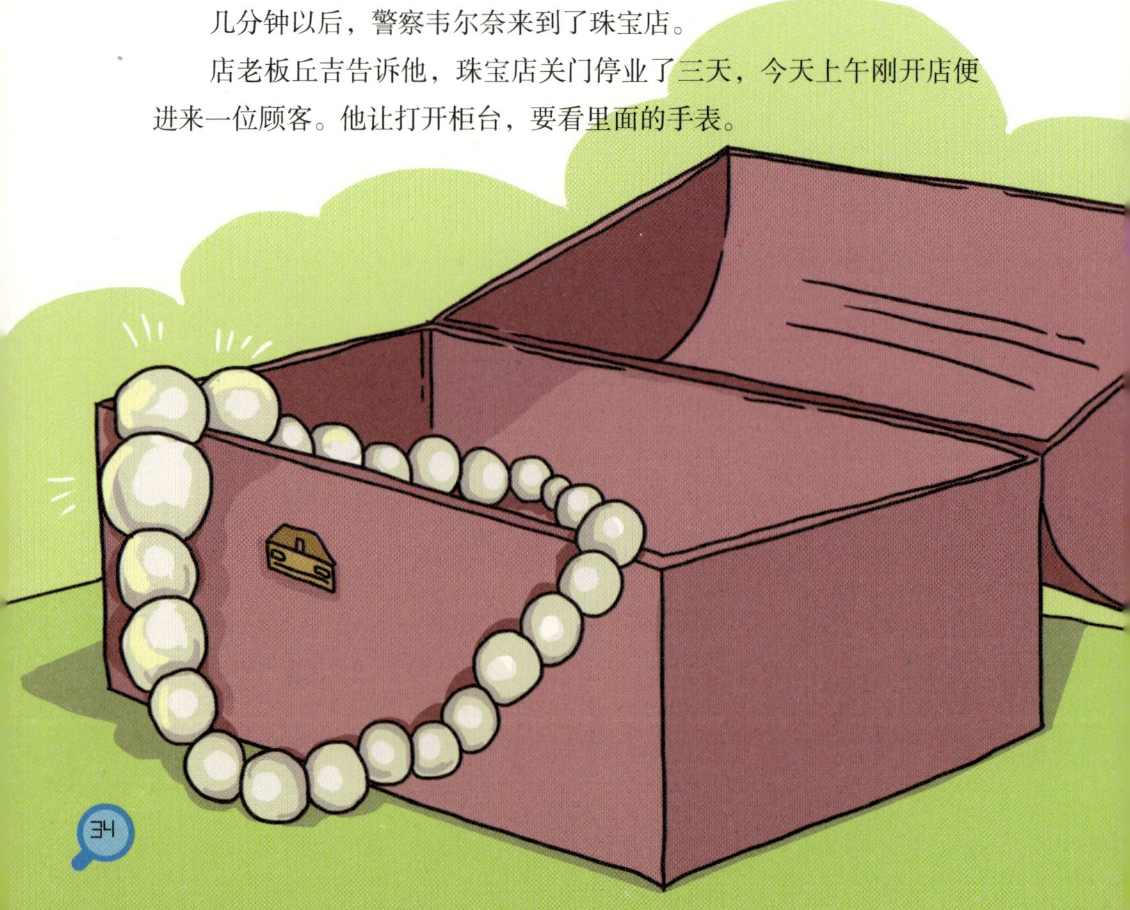

丘吉就打开橱窗，让他挑选，这位顾客拿起手表摆弄了一会儿，问了价钱，说要考虑考虑，就走了。他刚离开一会儿，丘吉就发现橱窗里靠门的那边少了一串名贵的珍珠项链……

韦尔奈问：“那人的长相是——”

丘吉想了一会儿，说：“个子高高的，戴一副茶色眼镜，衣着很考究。脸面嘛，我没看清。我相信他一定是个惯偷，因为他的动作太神速了，连我都没看出来。”

韦尔奈说：“如果他是惯偷，档案室一定有他的指纹，这表上也会留下的。”

“我看见他刚放下表，就立刻戴上了手套。”

“那么表上一定会留下他的指纹的。”

“可是这橱柜里挂着一百多块手表，凡是来买表的顾客都要摆弄一番。哪块手表上能没有指纹呢?”

韦尔奈想了想，说：“我很快就能找出那个人动过的手表的。”刚说完，他就用镊子夹起了一块表。

丘吉怀疑地说：“您怎么知道呢?”

韦尔奈说出了自己的理由。

根据他提供的线索，终于在那块表上取下了罪犯的指纹，并查出了那个罪犯，将他逮捕了。

你知道韦尔奈的理由是什么吗?他是根据什么找到所需要的手表呢?

我是答案

一串名贵的珍珠项链失窃之后

韦尔奈分析道：表店不是停业放假三天了吗?盗贼又是今天唯一的顾客，那么他摆弄的表一定还在走。而其他的表，即使假日前有人上过弦，这时也早该停了。这样只需找出正在走着的手表就行了。

假主人和一只狗

维尔斯警长在市郊巡逻值班时，看见有个男人从一家华丽的住宅后鬼鬼祟祟地走出来，便上前问道："先生，你是这里的主人吗?"

"我……我，嗯，我是这家的主人。"此人支支吾吾地回答。

这时，有一只毛茸茸的狗由后门出来，在那男人的脚边绕来绕去。

"对了，玛丽是我的看门狗，如果你说我是外人，那玛丽怎么不汪汪大叫?"说着还摸了摸玛丽的头。玛丽看着维尔斯警长，充满敌意地吠个不停。

"玛丽，不准乱叫!"那男人吆喝了一声，狗就乖乖地不叫了。狗停了一会儿，又蹒跚地走到电杆旁，抬起后腿小便。

维尔斯看到此景，突然转身对那男人说："别冒充主人了，跟我到警察局走一趟!"

维尔斯究竟根据什么断定此人是外人呢?

我是答案

假主人和一只狗

维尔斯见狗抬腿小便，就知那男人在撒谎。因为这是个雄性狗，而那男人却唤其为“玛丽”——一个十分女性化的名字，至于狗对那男人为何友善，那是因为他曾拿肉贿赂过它。

遗书上的破绽

在洛杉矶市的饭店，一客人服毒自杀，接到报警的洛杉矶警察局刑警科伦坡赶来验尸。

尸体躺在床上，是个中年绅士，经化验，被确认是氰化钾中毒死亡。

“他是三天前住进饭店的英国客人，桌子上有封遗书。”饭店的经理给他看了遗书。

遗书是用电动打字机打的，只有署名和日期是手写的。日期是“3.15，2005”。

“2005年3月15日，也就是昨天。”

“你是说这个客人是英国人吧?那么这份遗书是伪造的。是伪装

自杀的他杀。凶手有可能是美国人。”科伦坡刑警读罢遗书后马上下了结论。

你知道刑警凭什么做出这样的判断吗?

我是答案

遗书上的破绽

日期的写法不对。

科伦坡刑警看了遗书上的日期便起了疑心。

假如真是英国人写的，那么2005年3月15日就应该写成“15.3.2005”。英国人首先要写表示日的数字，然后才写月的数字。

然而，美国式的写法正相反，是月在前，日在后，即“3.15.2005”。如果将3月15日用斜线隔开时，英国式是“15/3”，美国式则写成“3/15”。

刑警的判断

老约翰的家与卡特的家相对，中间只隔着一个网球场。

在一个积雪深达30厘米的冬夜里，老约翰穿过网球场到卡特家去玩。没想到，他突然心脏病发作，死在了卡特家。

卡特非常害怕，马上穿上老约翰的长靴，穿过网球场把尸体搬回老约翰的家。这么一来，雪地上只有老约翰的足迹，看上去就像老约翰从卡特家出来后，回到自己的家中才死的。

结束了伪装工作后，卡特从大路上绕回家。大路上的雪已被来往的车子压得很硬了，所以并没有留下足迹。

老约翰的尸体在第二天一早被人发现了。于是，刑警便到卡特家调查。

“卡特先生，老约翰从你家离去时，是不是拿了一些很重的东西呢?”

“没有啊!他空着手回去的。”卡特回答说。

“我看，他并不是死在自己家里，而是死在你的家里。是你把他扛回去的吧?”你知道刑警是根据什么做出判断的吗?

我是答案

刑警的判断

虽然往返于网球场的足迹都是老约翰的长靴子踩出来的，但出去时的足迹和回来时的足迹深浅不同。

因为回家时的足迹是卡特扛着老约翰留下的，在两个人的重压下，雪地上留下的足迹当然较深一些了。

智破纵火案

包拯在京都开封当了府尹，京都治安大为好转，百姓高兴，但地痞流氓们却怀恨在心，伺机捣乱。

一天晚上，有两个流氓在一条街上放起了火，疯狂的火浪向四周

扩散，无数的火舌不住地盘旋上升，把京城的上空照得火红一片。

包公带领一班公差正在街上巡视，见此情景，马上分头召集百姓救火。

不一会儿，人们一个个挑着水桶来了。共有两个巷子失火，一个叫甜水巷，一个叫苦水巷。人群中忽然有人问：“挑甜水巷的水，还是挑苦水巷的水？”

另一个高叫道：“甜水巷的水甜，苦水巷的水苦，救火当然用苦水巷的水。”人们正在慌乱之中，也顾不得细想，跟着那一问一答的人涌向苦水巷。

顿时，巷子被人塞满了，哪里还能挑出什么水来？

包公对两个公差说：“把刚才一问一答的两个人抓起来！”那两人被抓来后大喊冤枉。包公对人们说：“这两个就是放火犯！你们上当了。这里留下一半人挑苦水，另一半人到甜水巷去挑甜水救火！”

一会儿，人们分别从甜水巷、苦水巷挑来水，扑灭了火，就涌到开封府去看包公审理纵火案。那两人经不住包公询问，露了马脚，最后不得不老实招供了纵火的事实。

你知道包公怎么在刚才救火时就已经知道他们是纵火犯的吗？

我是答案

智破纵火案

救火是十万火急的事，怎么挑水还分什么甜水、苦水呢？可他们一问一答，居然就把慌乱之中的人们都引到了苦水巷，这不是有意要让火越烧越旺吗？所以，由此包公断定他们的问话是事先编排好的。凭这点，他断定他们是纵火犯。

抓获盗牛贼

平卡顿于1819年生于英国，他23岁来到了美国，是美国第一个私立侦探事务所的创立者。

当时，在美国伊利诺伊州有一个牧牛场，常发生偷牛的事。奇怪的是，牧场里只留下牛的足迹，却看不到人的脚印。

某晚，偷牛贼又出现了。这次牧场主已有所防备，偷牛贼没能成功。牧场主大喊一声，跃上马背，朝黑影追去。可是，偷牛贼的速度却更快，不多一会儿，就消失在黑暗之中了。而留在地面上的仅仅是牛的脚印。

“原来偷牛贼是骑牛逃跑的，难怪没有留下人的脚印。可是，牛能跑得比马快吗?”

平卡顿听了牧场主的叙述后，赶到现场。他顺着牛的足迹进行搜寻。过了一会儿，他两手空空地回来了，对牧场主说：“偷牛人骑的是马，不是牛。”

“可是，地上只有牛蹄印啊!”

“那是因为他在马蹄上装的不是马掌，而是一个牛蹄形状的金属套子。”

“证据呢?”牧场主问。

“在离这里四公里的地方，偷牛人留下了确凿的证据。瞧，就是这个。”平卡顿从口袋里掏出一个纸包，当即打开。牧场主一看，当时就相信了他的话，并据此安排，一举抓获了盗牛贼。

你知道平卡顿打开的是什么吗?

我是答案

抓获盗牛贼

原来是一包马粪。这当然能证实盗牛人骑的是马。

第六位密码

军政界突然来了一位名叫哈莉的“舞蹈明星”，她其实是名德国间谍。她很快结交了莫尔将军，将军原已退役，因战争需要，又被召回到陆军部担任要职。

最近他因为老伴去世，颇感寂寞，对哈莉追求得也很急切。不久，哈莉弄清了将军的机密文件全放在书房的秘密金库里。但这秘密

金库的锁，用的是拨号盘，必须拨对了号码，金库的门才能开启，而这号码又是绝密的，只有将军一个人知道。哈莉想：莫尔年纪大了，事情又多，近来又特别健忘。因此，秘密金库的拨号盘号码，肯定是记在笔记本或其他什么地方，而这个地方决不会很难找、很难记。每当莫尔睡后，她就检查将军口袋里的笔记本和抽屉里的东西，但都找不到这号码。

一天夜晚，她用放有安眠药的酒灌醉了莫尔，蹑手蹑脚地走进书房。这时已是深夜两点多钟。秘密金库的门就嵌在一幅油画后面的墙壁上，拨号盘号码是六位数。她从1到9逐一通过组合来转动拨号盘，但都没有成功。眼看天就要亮了，女佣就要进来收拾书房了，哈莉感到有些绝望。

忽然，墙上的挂钟引起了她的注意。她发现她来到书房的时间是深夜2时，而挂钟上的指针指的却是9时35分15秒。这很可能就是拨号盘上的号码，否则挂钟为什么不走呢?但是9时35分15秒对应为93515，只有五位数，这是怎么回事呢?她进一步思索，终于找到了6位数，完成了刺探情报的任务。

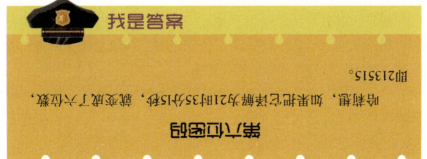

她是怎样找到的呢?

我是答案

第六位密码

哈莉想，如果把它译解为21时35分15秒，就变成了六位数，即213515。

巧查珠宝走私者

夏日的一个清晨，波兰卡尔拉特市警方得到了可靠的情报，一个化名米希洛的法国走私集团的成员，从华沙市弄到许多珠宝，装在一只柠檬汁罐头里面企图蒙混出境。

该罪犯所带的罐头外形、商标和重量与真的罐头完全一样。为了查获珠宝，女警官尼茨霍娃奉命前去海关协助检查，临行时，局长再三强调，一定不能损坏出境者的物品，以免万一判断失误，造成不良国际影响。

尼茨霍娃警官驱车来到海关后，开始注意带罐头的外国人。果然不出所料，"目标"已到了海关。在接受检查时，那化名米希洛的人，出境时带着12只罐头，都是柠檬汁罐头。尼茨霍娃知道，靠摇晃罐头无济于事。于是她佯笑地问："先生，你带的全是柠檬果汁吗?"

"当然是。"米希洛彬彬有礼地含笑回答，毫无异色。

尼茨霍娃警官淡淡一笑，使了一招，然后取出其中一只罐头厉声道："这只不是柠檬果汁!"打开一看，果然是珠宝。那化名米希洛的走私犯呆若木鸡地低下了头。

你可知道，女警官尼茨霍娃采取什么妙法，查出了藏珠宝的假罐头吗?

我是答案

巧查珠宝走私者

女警官拿来一块木板，设置一定坡度，将12只罐头并列在木板上滚动，发现其中一只滚得较慢，即是珠宝罐头。

有价值的线索

美国得克萨斯州的警察局长真头痛，当地某大报社董事哈里斯家失窃。

这个案件破不了，警方不被该报臭骂才怪呢。

精明能干的警官赫帕奉局长大人的旨意，按响了哈里斯先生家的门铃，漂亮的女主人彬彬有礼地将他请到客厅。女主人喋喋不休地介绍这介绍那，就是提供不出一点儿有价值的线索，赫帕失望极了，漫不经心地听她的唠叨。

突然，客厅里的那只鹦鹉开口学舌了，似乎在反反复复着一句话："到这儿来，罗拜!到这儿来，伦尼!"

赫帕警官大感兴趣，忙转过头问女主人："哈里斯夫人，请问您家里有名叫罗拜、伦尼的人吗?"

哈里斯夫人想了好长一会儿，说："绝对没有。这鹦鹉学人说话很逼真，这几天老是重复这两句莫名其妙的话。"

"夫人，请再回忆一下，鹦鹉学说这两句话，是在盗窃案发生前还是之后?

"肯定在案件发生之后!"

"太好啦!请转告哈里斯先生，过几天，这起盗窃案将水落石出!"赫帕警官兴奋地说。

你知道案子是怎样侦破的吗?

有价值的线索

赫帕警官断定鹦鹉叫的名字是两个罪犯的名字。他们作案时相互叫唤的声音给鹦鹉偷听去了。赫帕回到警察局，借助电子计算机查找名叫罗拜、伦尼的惯犯档案。不出赫帕所料，果真确有其人。经过一番侦查，两人作为嫌疑犯被拘捕入警察局，乖乖地交代了一切。

我是答案

跟踪者的失误

大侦探亨特身边来了一位新助手，名叫多哥。

一大早，多哥第一次执行任务回来，就丧气地报告：目标溜掉了。

“昨天晚上，一跟上那个家伙，他便钻进了一条细长的胡同。那条胡同只在中间有一个路灯，很黑，也没有其他行人。我担心被甩掉，就在离他有十几米远的距离跟着他。他戴着耳机，边走边听半导体。我想就是走近一些也不会被他发觉的。”

“那家伙是不是只有一边耳朵里塞着耳机呢?”

“不，两个耳朵里都塞着，所以他走过一个院子时，连狗叫声也没惊动他。”

“后来呢?”。

“我跟了一会儿，走过路灯后，尽管他一次也没回头看过，却急忙逃掉了。我一看要糟糕，便急忙从后面追上去，可他已经冲上大街，叫了一辆出租车逃掉了。”

“他走路的姿势如何?”

“是很自然地走着。他也不会听到我走路的声音：他怎么会发现我跟踪他呢?”

亨特想了想，马上找到了问题的所在。于是告诫多哥说：“好!清楚了，这是你初次跟踪，出现了小小的失误才被目标发现的。”

多哥究竟有什么失误呢?

我是答案

跟踪者的失误

多哥没注意自己的身影。在路灯下走过时，身影会映在前方，而且离灯越远身影就越长。对手发现了身后走过来的多哥的身影，才知道有人跟踪。

间谍露出了什么马脚

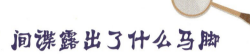

这是一条通往山上的空军基地的专用道路，所以夜间很少有车辆行驶，再过5分钟司令部联络官去空军基地送新的导弹配置命令的汽车将从这里通过。为了盗取这份秘密文件，秘密谍报人员欧文在半月前潜入该国。现在，他开着摩托车在上坡的急转弯处停下，关掉灯，引擎就那样开着。

不久，在夜雾弥漫的前方黑暗处有灯光出现，正向此靠近，在距离车只有十五六米时，欧文打开车灯，突然迎上去，挡住对方的去路。

对方措手不及，急忙转动方向盘急刹车，但没刹住，车撞破防护栏，翻下20多米深的山谷中。原想汽车受到这一冲击会引燃汽油着火的，但车子翻了两三次个儿，撞到了岩石上停了下来。

欧文将摩托车藏在道旁的草丛中，然后拿起事先准备好的装汽油的容器下到山谷。联络官扑在方向盘上已经死了。

一个黑色的革制皮包从打碎了的车窗中掉出来。欧文从联络官的身上找到钥匙，打开皮包，用高感度红外线照相机将导弹配置计划的机密文件拍了下来，然后按原样将文件放回包中扔到车里，再将容器中的汽油浇到车子上，用打火机点燃。火一下子烧了起来，瞬间车子被熊熊烈火包围了。

欧文拿着空汽油容器回到公路上，迅速骑上摩托车离去。

第二天，欧文在电视新闻中看到那辆车被完全烧毁，尸体和皮包也都被烧成灰烬，便放心了。人们一定是认为司机在驾车时打盹儿翻到山谷里，而引燃汽油烧毁的。

欧文将拍下的机密文件的胶卷送往本国情报部后，立即收到本部的紧急命令。命令的内容是：敌方已对那起事故起疑心，开始秘密调查，立即归国。

如果敌方发现那起翻落事故是阴谋所致，必定更改导弹配置计划，那么好容易弄到手的胶卷也就无任何价值了。

“我干得很谨慎，怎么会露出马脚呢?”他不由地自言自语道。

那份机密文件他只是拍了照，而且拍完后又原样放回皮包中，所以即便皮包中的文件没有被完全烧毁，也不会引起对方怀疑的。

欧文反省了那天深夜的行动，确信从头到尾都没有出现疏漏和失误，就连阻挡汽车前行时的摩托车轮胎印也都清除得一干二净，而且行动时又无其他车辆通过现场，自然不会有目击者。那么到底是留下了什么证据而引起对方的怀疑呢?他百思不得其解。

他有什么失误，你能想到吗?

间谍露出了什么马脚

一调查被烧毁的汽车才知，由于翻落时的冲撞而停止的油料表的指针正指向接近零处，也就是说，该汽车在翻落前，油箱中几乎没油了。

所以，即使翻落山谷，引燃汽油着火，也不至于燃烧到将车体和尸体烧成灰烬的程度。

我是答案

入室作案的大盗

一天晚上，乘亨特侦探外出不在家时，大盗欧文潜入他的住宅。欧文此行的目的是在亨特侦探的电话机上安装窃听器。

首先，从卧室的电话机开始装起。因为这间屋子没有窗户，所以即使打开桌上的台灯，也不用担心灯光会泄到外面。欧文正往电话上装微型窃听器时，忽然听到大门外有汽车马达声，接着有钥匙拧门的声音。

好像是亨特侦探突然回来了。欧文惊惶失措，赶紧关掉台灯，躲到床后边。他打算在亨特侦探去其他房间时，趁机悄悄溜掉。

可是，卧室的门突然开了，是亨特侦探进屋来了。他没有去按门旁边的电灯开关，而是在黑暗中站了一会儿。

“谁!是谁在那儿?喂，快出来!”

亨特大声叫着，按了一下墙壁上的开关，打开天棚的电灯。

本来不太大的卧室一下子亮起来，欧文也就藏不住了。

“亨特先生，您好!”欧文装作没事似的从床后走了出来。

“怎么，是欧文先生?你在这儿干什么呢?”

“没，没干什么……我正等您回来呢。一个人觉得无聊，想和你随便谈谈。”

“撒谎!你非法侵入民宅，打算偷什么?”

“什么也没拿呀，可你是怎么一下子就知道我在这儿的呢?”欧文感到不解。

“是那个闹钟告诉我的。你这个溜门撬锁的高手也太粗心了。”亨特侦探指了指床头桌。桌上放着电话、台灯和一个闹钟。

那么，那个闹钟怎么会告诉亨特侦探室内有入侵者呢？

我是答案

入室作案的大盗

那个闹钟表盘上的数字及指针上面涂有荧光涂料。荧光涂料如果受到灯光的照射，在光小时后的少许时间内，依旧可以发光。

欧文在卧室安装窃听器时打开了台灯，而在听到大门处有动静时，又关掉了台灯。这样，闹钟表盘及表针上的荧光涂料就会在一段时间内发荧光。

来到卧室的亨特侦探在昏暗中发觉闹钟有荧光，便知道刚才屋里开过灯，肯定有坏人来此。

田径教练被害的时间

在一个建有体育中心的公园里，田径教练身穿运动服倒在运动场的跑道上，是头部被击致死。发现尸体的是当日早晨和亨特侦探一起散步的青年医生。

“尸体还有体温，看来被害的时间不长。”医生摸了摸尸体说道。

“被害时间是，从现在算起21分36秒前。”亨特侦探很肯定地说。

医生感到非常诧异，他非常吃惊地问：“什么?您不是开玩笑吧?尽管您是位名侦探，可怎么会知道得那么准确呢?莫非是您目击到了作

案现场?”

亨特侦探指着给他看了一样东西。青年医生仔细一看，就对亨特侦探心服口服了。

那么，亨特侦探指给青年医生看的是什么东西呢?他又是根据什么推测得如此精确呢?

我是答案

田径教练被害的时间

亨特侦探指给青年医生看的是计时的跑表。

因为被害人是田径教练，身上总不忘带着计时的跑表。因此，当亨特侦探从尸体的衣服口袋里发现跑表时，指针指在21分36秒上。在被罪犯击中头部摔倒时，碰巧触动了表开关，秒表开始记时。

列车上的黄金大盗

大盗欧文坐在特快列车的一节卧铺车厢里。深夜2点左右，当其他旅客熟睡之际，他钻进了3号车厢的12号单人房间——溜门撬锁对于欧文来说是轻而易举的事。

床铺上贵金属店的男子正蒙着毛毯打着呼噜，睡得正香。他枕头下面放着一个显眼的皮箱。在这个精巧的小型皮箱里面，装着4根各重10公斤的金条。欧文轻轻地将皮箱抽出，离开房间，回到自己住的4号车厢。

这趟特快列车到达下一站M车站的时间是早晨6点钟，这期间不停车。12号房间的那个男子醒来时发现皮箱被盗是5点钟。他慌忙报告了列车员。幸好车上有乘警，立即与列车员分头在列车内进行查找。

此时大多数旅客睡得正香，但也只能一一叫醒进行盘查。

同时，乘警请下一站M车站的警察协助检查下车旅客携带的物品。这趟列车的车门是自动控制的。窗户也是封闭式的，旅客是无法打开的。罪犯携带40公斤的金条，只能等列车到达M车站时才能下车。

可是，在M车站下车时，欧文手里只拎了个手提包。当然，手提包被严格检查过，但里面装的全是手机、香烟一类的东西，所以没受任何怀疑就出了检票口。

但是，说来也巧，亨特侦探正好也在车站月台上。他是从待命的警察那里听说金条被窃的。而且，在列车进站后，他从下车的旅客中见到了欧文的身影。于是他决定放弃旅行，从后面追上了刚出检票口已到了出租车站前的欧文。

“干得真漂亮啊，快领我去找吧。”他向欧文耳语说。

欧文大吃一惊，但很快镇定了下来。“啊，领你到哪儿去呀？”他佯作不知。

“……去取金条呀，我也跟你一起去。不过请你不必担心，我向警察保密。我的意思是悄悄地把金条送回贵金属店，这样可以拿到一笔报酬。至于这笔钱嘛，我们俩人平分。”亨特笑得很轻松。

“在这儿碰上你算是我倒霉。没办法，又让你看穿了。”

欧文老实地承认了，并和亨特侦探一起坐上了出租车。

那么，欧文到底怎样将盗来的40公斤金条带出列车的呢？

顺便交待一下，列车内并无欧文的同伙。

我是答案

列车上的黄金大盗

从车厢的联结处丢下的。

列车的车厢连接处有块铁制的踏板。掀去铁板，里面是合成革制成的软罩，这是为防止旅客出危险而设置的。欧文从3号车厢偷出金条后，在返回4号车厢时，将连接车厢的合成革罩用刀子割开，再从那儿把装着金条的皮箱丢下去。这样，皮箱便落到了铁道线上。根据欧文的手机指示，在铁路沿线等候的他的部下，在列车过后把东西拾走了。

准确的作案时间

某天夜里，在亨特侦探家附近的公寓里发生了一起枪击事件。住在该公寓的4个人同时被枪声惊醒，都各自看了自己的手表。当亨特侦探赶到现场讯问4个人时，他们分别做了如下回答：

“我听到枪声是12点8分。”

“不，是11点40分。”

“我记得是12点15分。”

“我的表是11点53分。”

4个人说的时间都不一样，因为他们的手表都不准。一个慢25分

钟，一个快10分钟，还有一个快3分钟，最后一个慢12分钟。

那么，准确的作案时间到底是几点几分?

我是答案

准确的作案时间

作案时间是12点5分。

计算方法很简单，从最快的手表(12点15分)中减去快的时间(10分钟)就行了。

或者将最慢的手表(11点40分)加上慢的时间(25分钟)也可以。

小侦探的判断

美国艾达维尔城有个名叫勒鲁瓦·戈麦斯的少年。他父亲是这个城里的警察局长。小戈麦斯从小聪慧过人，受到父亲的影响，他对破案有特殊的兴趣。艾达维尔城是个规模不大的城市，但也和美国其他地方一样，经常有犯罪案件发生，不过有了办事认真的警察局长，这里的罪犯很少能逃脱法网，使人惊奇的是戈麦斯局长经常得到他儿子勒鲁瓦的帮助，所以人们称勒鲁瓦为小侦探。

一天晚上，全家正在吃晚饭的时候，戈麦斯局长对儿子勒鲁瓦说："在逃犯纳蒂又作案了，他抢劫了狄龙和琼斯合伙开的西服店。"

关于在逃犯纳蒂的情况，小侦探勒鲁瓦是知道一些的，他自从逃出来后，一个月内作了5次案，不过都是在农村和公路上作的案，想不到这次竟在城里作起案来。勒鲁瓦因为有疑问，所以问道："爸爸，你怎么知道那抢劫西服店的强盗就是在逃犯纳蒂呢?"

父亲说："那是西服店的合伙老板之一狄龙提供的情况。"说着拿出了一本笔记本念着狄龙原话的笔录："店里只有我一个人。突然有个男人闯进来喝道：'举起手来!'我吃了一惊，急忙抬头一看，站在我面前的正是在逃犯纳蒂，他身穿灰大衣，后面束着皮带，和报纸上登的完全一样，纳蒂命令我脸朝墙壁，我只好听从他的话，等我回过头来时，他已经溜掉了。店里的钱财被他抢劫一空。"

小侦探勒鲁瓦听完了笔录，问道："爸爸，报上登过纳蒂的照片吗?"

“登过，不过相貌模糊不清，主要的特征就是灰大衣和背后束着带，这是人所共知的。”

勒鲁瓦说：“这个案件很容易解决。”

戈麦斯局长惊讶地问：“现在连纳蒂的踪影都无从了解，怎么就能破案了呢?”

勒鲁瓦说：“我是说狄龙的西服店根本没有来过什么强盗。”

“噢——”戈麦斯局长经儿子提醒，似乎也在思索这个问题，“那你认为狄龙在撒谎喽!对此，你怎么能断定?”你知道勒鲁瓦是怎样断定的吗?

我是答案

小侦探的判断

狄龙自己提供的情况，强盗进门时，开始他面对强盗，后来又面对墙壁，怎能看到强盗背后束着皮带呢?狄龙想私吞店里的公款，他不想让他的合伙人琼斯知道他私吞店里的钱，所以把自己的罪过推到强盗身上。在逃犯纳蒂在一个月里作了5次案，狄龙认为他最适合做自己的替罪羊。

逃进卫生间的死者

某日晨，漂亮的歌手丽莎死在公寓自己房里。最先发现尸体的是她的经纪人。见她房门没上锁，心想她太粗心了，便走进房间里，却不见丽莎人影。只有卫生间的门是从里面闩着的，打不开，门缝底下流出的鲜血已经凝固，经纪人大吃一惊。

他马上叫来公寓管理员，一起撞开卫生间的门，见丽莎穿着睡衣坐在便池上已经死了。是被匕首状的凶器刺中了背部。

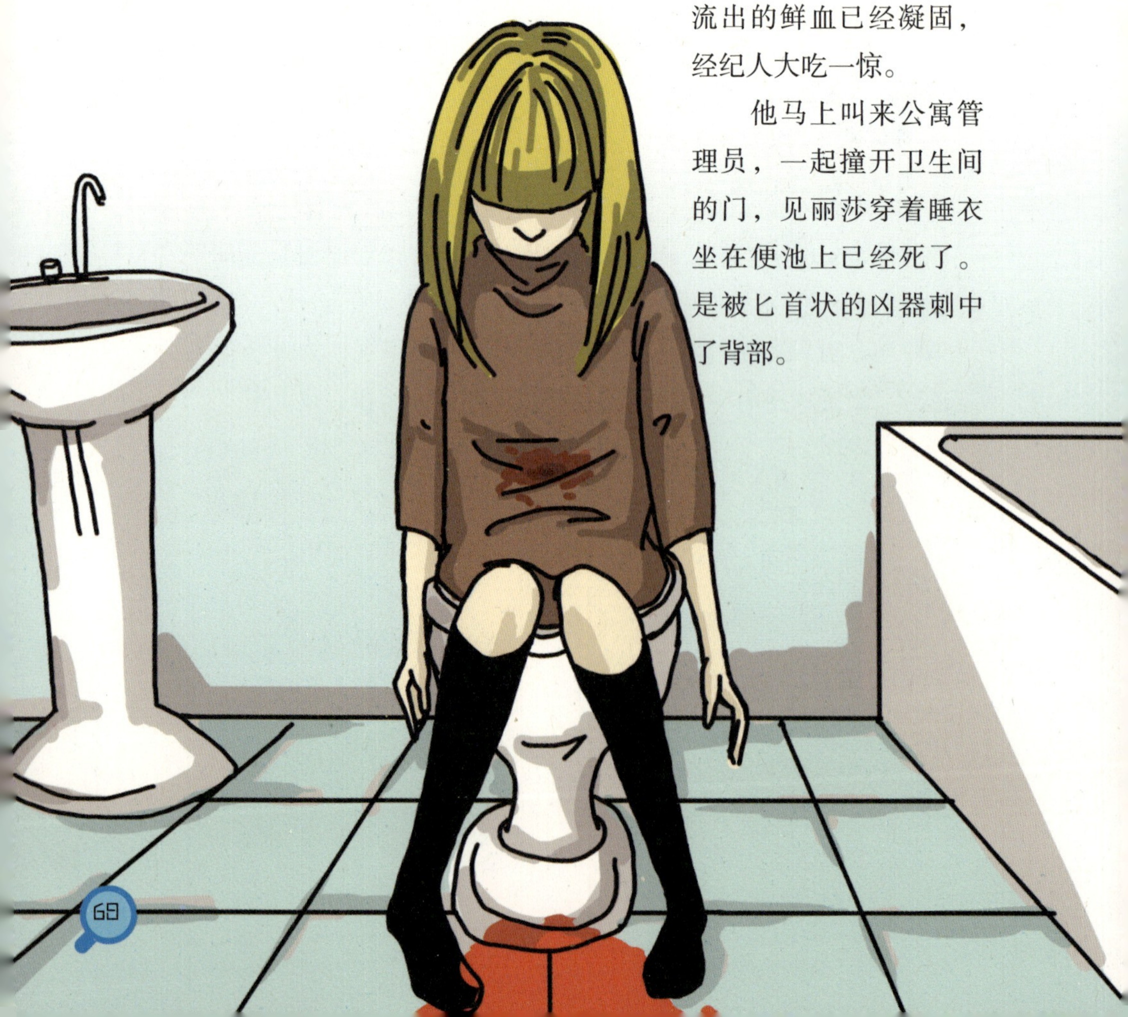

看起来像是在卧室遭到袭击后逃进卫生间，从里面插上门，以防凶手追击时断气的。警察检查了现场，但未发现有用的线索。搜查陷入困境。

事后，江户松本赶巧碰上了好友皮特，将搜查中遇到的难题向皮特诉了一番苦。

“要是这样的话，请带我去看看现场。我还是她的热心听众呢，对这个案件也挺感兴趣。”皮特说道。

“就算你这位名侦探亲临现场，我看也不见得能发现什么。”松本虽不抱太大的希望，还是带他去了现场。

皮特很感兴趣地查看了被害人死去的卫生间。

“松本，真对不起，今天肚子不太舒服。”皮特苦笑着关上了卫生间的门，在里面插上门，脱了裤子坐在便池上。

几分钟后，他才表情轻松地走了出来。

他兴奋地说：“松本，凶手名字的大写字头是A.K。”

一语道破，使松本大吃一惊：“真的吗?在哪找到暗示了吗?”

“是拉肚子的功劳。”皮特哧哧地笑着。

那么，被害人在面临危险的时候，把凶手名字的大写字头写在哪了呢?

我是答案

逃进卫生间的死者

是在厕所的手纸上。

原来是被害人临危时灵机一动，逃进卫生间后，把手纸拉出几米长，用自己的血写下凶手名字的大写字头，然后再把手纸卷好。这样即使凶手撬开卫生间的门，也不必担心那血写的字母被发现。过后谁用手纸时就会发现血书而报告警察的。

警察检查现场时，没有检查手纸是个疏忽。

诱人的六颗钻石

从东南亚回国的刘明，从机场径直回到自己的住所后，便躺到床上休息。这时，他的女朋友王丽来了。

王丽柔声问道："怎么啦?那么没精打采的。"

"去国外旅行累的。"

"干了什么好事累成这个样子?"王丽的语气酸溜溜的。

"别开玩笑，还是让你看看这个吧。"

刘明从口袋中拿出一盒奶糖。得意扬扬地说："在每颗奶糖中，都藏有一颗钻石。我把奶糖开了个洞，再将钻石埋到里面，一共六颗。大概值500万元呢!"

“在机场海关没被发现吗?”

“怎么能被发现呢，一看是糖，连检查都不检查。”

“可怎么将钻石取出来呢?”

“放到嘴里，糖一化了，钻石不就出来了吗!”

王丽心里一动，多么诱人的六颗钻石啊!她狠狠了心，在咖啡里掺了毒将刘明毒死了。然后，把现场收拾得自认为万无一失，这才带着钻石逃走了。

第二天，刘明的尸体被发现。三天后，王丽也被逮捕了。

当时，她正在医院。诊断后正在等结果时，急救车把她护送到某个场所后刑警说：“你以谋杀罪的嫌疑被逮捕了。”

王丽假装镇静：“有什么证据说我是凶手?”

“这个就是证据!”刑警将王丽的病历递了过去。

她一看病历，吃惊得昏了过去。

这是为什么?

我是答案

诱人的六颗钻石

王丽染上了霍乱。

从东南亚回来的刘明，是霍乱的带菌者，这是法医对其尸体进行解剖时发现的。

正在这时，接到医院报告发现有霍乱患者，刑警马上赶到医院，逮捕王丽，将其隔离。

王丽是吃了刘明从东南亚带来的藏有钻石的奶糖而染上霍乱的。

张举焚猪查真情

三国时，吴国人张举任句章县县令。

一日，有人来报“谋杀亲夫”案，被告是个30多岁的妇人。她身穿素衣，一到大堂就号啕大哭。

原告申诉道：“我是她丈夫的哥哥，昨日她回娘家，正巧半夜我弟弟家突然起火，那里四周没有人家，待我们赶到时，房屋已烧塌，我弟弟死在床下。平日，这女人行为不端，定是她同奸夫商量，先回娘家，半夜又同奸夫谋杀了我弟，再放火烧屋，以借口‘火烧夫死’，请大人为我弟做主!”

那妇人发疯似的跳了起来：“你说我有奸夫，奸夫是谁?你说我是谋杀亲夫，又有什么证据?”那大伯张了张口，却说不出什么来。妇人更是气愤，忽然凄惨地大叫道：“我的命真苦啊!年纪轻轻守寡，还要背个黑锅，叫我还怎么活呀!还不如让我一死了事!”叫罢，猛地向旁边的厅柱上撞过去。差役慌忙一把拦住。于是她哭得更加伤心，音量之大，音调之悲，简直能锯碎人的心呢。

张县令冷眼观察了一会，想：眼下没有证据，先去验尸再说。

来到死者的家，只见房屋已经倒塌，灰烬在风中飞旋。验尸结果，并无可疑之处。张县令掰开死者的嘴看了看，想了一会，挥挥手说：“办丧事吧。”说着向那妇人瞥了一眼，但见她的眉宇间竟有一丝宽慰之色，像突然放下了一桩心事。她大伯却急了起来。张县令并不理会，又说：“办丧事要宰两头猪吧?”

妇人说：“要的，要的。”

张县令叫死者的哥哥捆了两头猪，又叫人在家门口点起两堆火。众人都不明白是什么意思。只听得县令说：“把一头猪宰了，架在火上烧；另一头猪活生生地烧!”

张县令这样做有什么用意吗?烧猪能断案吗?

我是答案

张举焚猪查真情

烧完后，张县令叫人掰开杀死后烤的猪的嘴，只见里面没有灰；又叫人掰开另一头活烤的猪的嘴，见里面有灰。原来，张县令在验尸时，掰开死者的嘴看时，发现死者的嘴里也没有灰。所以，他想出了烧猪的计谋，以确凿的事实证明死者是死后被焚烧的。使那妇人在有力的证据面前再也无可抵赖，只好招供出与奸夫串通一气、谋杀亲夫的罪行。

被害者来过这里的证据

夜里12点左右，大门的门铃响了。这么晚了谁还会来呢?文昊觉得奇怪，打开门一看，站在门外的是直到三个月前还在同自己交往的女招待刘妍。

“房子不错啊，怪不得把我甩了呢。”刘妍讥讽地说。

“事到如今，说这些还有什么用?如果你是来挖苦我的，就请回吧!”

“你……那好吧，还是让我直接跟你的未婚妻说去吧!”

让她这么一威胁，文昊胆怯了。如果让未婚妻知道了自己和她的关系就糟了。无奈，文昊只好将刘妍让到卧室。

“好啦，有什么话说吧。”

“我肚子里怀上了你的孩子。”

“哼!你少来威胁我，就你那两下子还想骗我?”

“你要觉得我是撒谎可别后悔呀。同你分手后，我觉得身体不舒服，就去看了医生，结果证实是怀孕了。”

“那你快给我打掉，钱我来出!”

“那哪儿行啊，我还要好好生下来，到你结婚时，好送你可爱的小宝贝作为礼物呢!”

“这么说，你是成心捣乱，不想让我结婚吧!”

突然，文昊震怒了。他抓起桌子上的玻璃花瓶，朝刘妍的头狠命地砸了过去。

当狂暴的发作平静下来时，文昊傻眼了，但转而又冷静下来开始考虑着善后对策。

文昊将她的尸体用电梯运到地下停车场，放到自己的车上，扔到了郊外的公园。

回到家后，文昊又将卧室仔细地清扫了一遍，生怕漏掉一根毛发什么的。桌子和椅子上都留有她的指纹，他用毛巾将它擦去，就连大门的门把手也擦了擦，带有血迹的花瓶也用水冲洗干净后放到柜橱里藏了起来。这样，就不会留下任何她来过这儿的证据了。

一切收拾妥当之后，天都快亮了。由于神经太兴奋了怎么也睡不着，文昊吃了安眠药睡了。

或许是药的作用，第二天等他醒来时已是下午了。

文昊正想煮一杯咖啡喝，大门那儿传来了敲门声。他想，没按门铃，急着敲门肯定是谁有急事，打开门一看，门外站着两个陌生人。其中一人从口袋中掏出警官证给他看了看。

据说刘妍的尸体一大早就被发现了，在她的挎包中找到了写着公寓地址和文昊名字的东西。

“昨晚，被害人来过这儿吗?”刑警问道。

“没有，我同她三个月前就分手了，此后一次也没见过。”文昊矢口否认。

“你是在说谎，我们已经拿到了被害人来过这儿的证据。刚才，我们在敲门前已经检查过了。”

“什么!证据在哪……”

“你看，就是这儿。”鉴定员站在门外用手指了指。文昊一看大吃一惊。

你知道证据是什么吗?

我是答案

被害者来过这里的证据

鉴定员指给文昊看的是门上的门铃。刘妍昨晚来时按过门铃，上面当然有她的指纹。刑警来时之所以敲门而不按门铃就是怕碰掉了证据指纹。

昨晚，文昊在擦门把手时忘了擦门铃。

雨夜越狱

1638年，有个叫布鲁斯的人被意大利当局抓进了监狱。布鲁斯忍受不了监狱的生活，几次想越狱出逃，但总想不出合适的越狱办法。监狱的围墙非常高，要想爬上去很不容易。有一天放风，他装作散步的样子，沿着围墙走了一圈，终于找到了一个可以攀登的地方，他心中暗暗记住了那个地方，打算找个机会从那儿爬出去。

可是，回到牢房后仔细一想，心又凉了半截，“那么高的围墙，就是爬上去，怎么下去呢?如果从墙上往下跳，不摔死也得摔断腿。”

监狱里既找不到绳子，也找不到其他的工具，布鲁斯在牢房里苦苦地想了半夜，还是想不出什么好办法来。过了好多天，在一个可以探监的日子里，他的亲戚来探望他，临走时，给他留下了几件棉衣、一把伞、两双鞋子。那是普通的生活用品，管监狱的人也没多管。监狱的生活非常枯燥，无聊的布鲁斯只好玩起那把雨伞来。他将雨伞打开，收起，打开，收起，再打开，举在空中转来转去。

因为无法逃出监狱，布鲁斯的情绪相当低落。

可是，过了几天，在一个风雨交加的夜晚，布鲁斯躲开了看守监狱的人，越狱逃跑了。他是怎样越过那又高又陡的围墙逃跑的呢?

我是答案

雨夜越狱

原来，当他将伞举高，猛地往下一拉时，那伞因受空气的阻力拉起来变得重了许多……玩着，玩着，他突然受到了一个启发：“能不能应用伞在空气中的阻力，把伞用作越狱工具呢?”

那个风雨交加的夜晚，布鲁斯开始行动了。他带着那把雨伞溜到自己早已选定的地点。一看四处无人，布鲁斯迅速地爬上了又高又陡的围墙。雨还在下着，风还在刮着，看守们都躲雨去了，谁也没有发现墙头上站着一个准备越狱的人。布鲁斯撑开伞，纵身往下一跳!伞吊着他慢慢地落了地，也没有跌伤。越狱成功了!

凶器在何处

有一个叫史蒂夫的男子，他是一家大公司的总经理。不过，最近报纸披露，这家大公司因某种原因已濒于破产。

自报纸刊出这一消息后，史蒂夫就失踪了。两天以后，有人发现他在郊外的别墅中死去。

经过检查，警方认为史蒂夫是被刀片割断喉咙而死。同时发现，史蒂夫死前曾经购买巨额人寿保险。保险条文规定：如果史蒂夫死于意外或谋杀，皆可获得保险金，受益人是他的太太。如果他是自杀，则不能获得保险金。

经过周密的调查，警方有充分的理由证实，史蒂夫是自杀的，而不是被杀。但唯一困难的是，在现场没有找到他自杀所用的刀片，只发现一些小鸟的羽毛。

按照常理，一个人自杀后根本没办法把刀片藏起来或扔到别处，但史蒂夫做到了。显然，他企图以此布下被杀的假相，骗取巨额保险金。

你知道史蒂夫自杀用的凶器到哪里去了呢？

我是答案

凶器在何处

史蒂夫把刀片绑在了小鸟的脚上。他自杀后小鸟带着刀片从窗口飞了出去。

没有留下指纹的女骗子

罗比是一名私人侦探。这天傍晚，他一个人来到酒吧，自斟自饮。

他的眼光很快被邻座的一个漂亮女子所吸引。这个女子大约二十五六岁，打扮入时，化了很浓的妆。而且，指甲上涂了透明的指甲油，独自在喝酒。

罗比觉得这个女子似曾相识，但又记不起究竟是谁。直到那女

子离开座位，他才猛然想起，原来，这个女人名叫苏姗，是一个诈骗犯，正在受到警方通缉。

罗比立即起身追出去，但人海茫茫，那女子已经不见踪影。

于是，罗比向警方报了案，警察到场后，立即展开调查。他们把那女人用过的酒杯加以检验，但是，上面竟然没有留下指纹。

“奇怪!那个女人喝酒时戴了手套吗?”警察问道。

“不，她没有戴上手套，而且也不像贴了胶纸那一类的东西。”罗比说。

“她总不能根本没有指纹吧?到底是怎么回事呢?”警察问。

“世界上哪里有没有指纹的人?”罗比的头脑里浮想出了浓妆艳抹的女骗子形象，他突然明白了。

你知道是怎么回事吗?

我是答案

没有留下指纹的女骗子

罗比突然想到了，这个女子手指的罗纹上也涂了指甲油，因此，酒杯上没有留下她的指纹。

亨特破邮票窃案

一次，在美国旧金山举办世界邮票大奖赛。这些珍贵的邮票吸引着一批又一批的人们来参观。尽管有科学的保安措施和较强的保安力量，获得二等奖的一张价值很高的邮票还是被人窃走了。

作案者是大盗切赫。他手法高超，行动诡秘，制造过许多特大盗窃案，令警方头痛。这次他又略作化装掩人耳目，盗得邮票，立即返回居住的一家廉价旅店。自以为此次行动神不知、鬼不觉，万无一失，等销赃后，就携巨款潜入外国定居。正当他美滋滋地做着好梦时，警察们已冒着盛夏的酷暑包围了旅店，闯进切赫的房间。原来，切赫盗窃邮票的所有行动全被警察米勒监视了。

旅店的条件很差，没有窗户，光线也暗，房间里一台密封式的电扇呼呼地旋转，给闷热的房间带来丝丝凉风。除此之外，房间里只有非常粗糙的一床、一柜、一桌、一椅。切赫掩住心中的一阵恐慌，叼着烟，吐着烟圈，跷着二郎腿，斜靠在床上，若无其事地打量着持枪逼近的警察。

警察威严地说："切赫，快把邮票交出来。"

切赫无动于衷，这种架势，他见多不怪了，只要警察搜不出邮票，找不到罪证，他们也奈何他不得。

无奈，警察只好翻箱倒柜地搜寻起来，可弄了半天，一无所获。警察米勒想：切赫一路上并未同谁联系，也未停顿；回来后一直无人找他，他也从未离开过房间。显然，邮票肯定在房间里。对切赫这样的窃盗老手，警察逼也没用，唬也白搭。

没办法，旧金山警察局请来了神探亨特。亨特走进房间四面审视。切赫早闻神探亨特的大名，不由紧张起来。亨特盯着在这间房里唯一让人感到可爱的电风扇，思忖片刻，上前把它关掉。这时切赫垂头丧气起来。

你知道，邮票藏在哪里吗?

我是答案

亨特破邮票窃案

原来，切赫把邮票贴在电风扇的叶片上，叶片高速转动，肉眼看不清上面贴的邮票。加之没有窗户，屋内温度很高，警察既不想久留，更不会关上电扇，这样邮票根本不可能被查获，可亨特偏偏察看了别的警察容易忽略的地方，这正是亨特的高明之处。

女售货员之死

女售货员在公寓被杀，头后部有被钝器击中的痕迹。她俯卧在屋子中央，手里抓着一条珍珠项链。

女售货员是个财迷心窍的人，听说她常借钱给同事，然后收取高额利息，干着放高利贷的营生。对不能按时还钱的人，她竟索取首饰、礼服等作为抵押，所以人人都痛恨她。就连她死时手里摸着的项链，也是从向她借贷的同事赵华那儿索要来的。

奇怪的是，窗户都上着锁，门也从里面挂着门链，就是说女售货员是在室中被杀。这样一来，项链的主人赵华也就成了杀人嫌疑犯。可赵华是怎么杀死女售货员的，始终是个谜。你知道真相吗?

女售货员之死

是隔着门链用榔头击中女售货员头部的。

窗户上着锁，门也挂着门链进不来人，即便如此，也不能说是“密室”，因为上着门链的门如果不锁，照样能开7～8厘米的缝。罪犯就是利用这个空间作的案。

那一天，赵华因还不上债，不得不将自己心爱的项链交给女售货员作抵押，女售货员嘴上说可惜，但还是贪婪地收下了。赵华一时生起杀人的恶念。

但是，格外当心的女售货员是决不会轻易让他人进屋的，接钱接物经常是在门口，而且是隔着门链进行。因此，赵华心生一计，她故意将项链放在隔着门链能看到，且能够够到的离门稍远一点儿的地方。在女售货员弯腰去拾时，赵华在门外用藏在身上的榔头猛击她的后脑勺，但这一击并未致命，她号叫着抓着项链跑回房内，终因伤势过重，跑了二三步就一命呜呼了。

我是答案

警察为什么断定为他杀

一天，一位雇主拿出一张照片对职业杀手小林说：“请尽快把这个男人杀掉。一定要伪装事故死亡，如交通事故之类的……”

根据照片，小林找到了雇主要他杀的那个男人，并成功地在那个男人喝的啤酒里下了毒药。

非常顺利和成功!他还没明白怎么回事就去了另一个世界。不过，事情尚未了结，小林还有后事要办，必须把尸体送到他公寓的房间，伪装成服毒自杀。

小林仔细检查了尸体和其随身所带物品。他身上全是高级的进口货，左手戴的表，也是瑞士产的一流手表。不过，小林丝毫未动他身上的遗物，这是为了不留指纹。

小林背着尸体出了房间，没想到一不小心，扭伤了脚脖子，脚上一阵疼痛。这样搬运尸体会有麻烦，他不得不过两三天再搬运尸体。

他把尸体放到地下室的简易床上。现在正逢严冬，不用担心尸体腐烂。幸亏两天后，脚伤已好。一个午夜，小林把尸体搬进车库，装进汽车车厢。

车大概开了一个小时，来到被害人住的公寓。这是一幢十层楼的建筑，所有的窗户都没有灯光。正是半夜三点，所有的人一定都睡了。

他的房间在七楼。如果乘电梯上去很方便，但是，不知道什么时候会闯进人来，如果有个万一，一切都完了。尽管麻烦，小林觉得，还是从紧急梯道上去比较安全可靠。

小林背着尸体上了楼梯，每上一步楼梯，尸体的两手就在他胸前摇摆。就像背着一个幽灵，令人毛骨悚然。

到每一层楼的平台，小林都要休息一下。等背到七层楼时，他累得腰都直不起来。

小林从死者口袋中拿出房间的钥匙，把门打开，他把尸体背到寝室，放在床上。就像两天前躺在地下室的姿态一样。

方桌上，放上了啤酒瓶和杯子，还有一小瓶毒药。这些都是预先准备的，全部带有那家伙的指纹和唾液。小林的伪装工作做得天衣无缝。

他应该是三天前晚上死的，所以床头的灯还开着。

这样，伪装工作大致结束了。

小林谨慎地检查，确信什么疑点也没留下后，立即走了，开车回去时，东方已经开始发白。

看了当天的晚报，小林不由大吃一惊。那青年的尸体今天早上(在他运去数小时后)被偶然发现，据报纸报道，警察断定为他杀，已开始侦查。

当天夜里，雇主打来电话问："看过晚报了吗?"

小林答道："噢，看过了。"

"我是要你伪装自杀，然而，警察认为是他杀，已开始进行侦查。你干了什么蠢事?"

"我不认为干了蠢事，警察有什么证据断定是他杀吗?真不可思议。"

"刚才刑警已到我这里调查了情况，好像是手表的问题。"

"那青年戴的是瑞士表吗?"

"不错，你在上面做了什么手脚吗?"

"不，什么也没动。"

手表怎么会成为他杀的证据呢?小林百思不解。

你知道警察为什么断定为他杀吗?

我是答案

警察为什么断定为他杀

警察发现尸体上的手表还在走，从而断定为他杀。那只手表是自动表。如果被害者三天前在自己的房间服毒自杀，应呈静止态，因此手表会停。由于尸体被搬动过，指针还在走。

当晚搬运尸体上七楼时，尸体的手不断摇摆，表也在摆动，自动表便开始走动。

自动表戴在手上，只要手一动，便会自动上劲。手不动，时间一长就会停摆。

那人正是逃犯

小明有个在公安局工作的叔叔，他一直想能像他叔叔一样亲手抓住一名罪犯。有一天，他从叔叔那里看到一张通缉令，知道有一个瞎了左眼的罪犯逃到他所在的城镇来了。小明想，这个逃犯特征明显，我一定要找到他。于是小明每天都在大街小巷里转悠，希望能碰上那个罪犯。

这天，小明走进一家理发店，看见一个女理发师正在给一个人理发，由于那人后脑勺朝外，小明只能从那人对面的大镜子里看到他的脸。

小明的眼睛突然一亮——那人有一只眼是瞎的!可再仔细一看，瞎的是右眼，那人的左眼好好的，自己白高兴了。

第二天，小明把这件事告诉了叔叔，叔叔说：“小明，你搞错了，那人很可能正是逃犯!”

小明愣住了。通缉令上明明写的是左眼，怎么就是这个理发的人呢?

你知道这是怎么回事吗?

我是答案

那人正是逃犯

原来小明搞错了，镜子里的像是反的，本来左眼瞎的人在镜子里就变成右眼瞎了。

凶手到底是谁

一天早晨，单身生活的扑克占卜师在自己公寓的房间里被杀。他是因匕首刺中后背致死的。被害时间是前一晚9点左右。

他看上去是在占卜时受到突然袭击的。尸体旁边到处是扑克牌。被害人死时手里攥着一张牌，是一张方块儿Q。

片山警长想："为什么占卜师死时攥着一张方块Q呢?大概是想留下凶手的线索才抓在手里的。据说，扑克牌的方块儿与宝石中的钻石相同，是货币的意思。黑桃代表剑，红桃代表圣杯，梅花代表棍棒。可是，这与凶手有什么关系呢?"

不久，侦查结果出来了，筛选出以下三个嫌疑犯：

（1）职业棒球投手松井；

（2）某医院护士幸子；

（3）煤矿井下工人阿壮。

三个人似乎都与扑克牌里的方块没有关系。但是，片山还是果断地指出了真凶。

那么，凶手到底是谁?

凶手到底是谁

凶手是某医院护士幸子。

扑克牌里的方块儿Q是女王，也就是女人。三个嫌疑犯中，只有某医院的护士幸子是女性。职业棒球投手松井和煤矿井下工人阿壮都是男性。

被害人为了暗示凶手是女性，临死前抓住了方块儿Q这张牌。

我是答案

大化学家被盗之后

罗斯一辈子研究出了不少化学产品。他成了闻名世界的大化学家、百万富翁。他买回了好多幅精美绝伦的世界名画和一件件珍贵文物。他将这些价值昂贵的东西一一摆放在宽敞的客厅里，供客人欣赏。罗斯多了份生活乐趣。但这事却给一个嗅觉特别灵敏的小偷打听

到了。这家伙想去偷几件卖掉，自己这辈子便可享受不尽了。

某日深夜，他悄悄摸到罗斯家。环顾四周，发现室内无人，贼胆更大，他摘下了一幅价值20多万美元的名画，抱起桌上的一件古色古香的文物，便欲溜出门去。

这时，桌上一瓶绿色的酒吸引了他。酒液清碧，还飘出阵阵扑鼻酒香，撩拨着他的胃壁，这小偷爱酒如命，马上拧开酒瓶盖，仰起脖子咕嘟咕嘟大口大口喝起酒来。忽然门外传来了脚步声，小偷马上放下酒瓶，夺路而逃……

警长乔尼在屋里细细观察，没发现罪犯留下的任何指纹、脚印。“这罪犯，准戴了胶质手套、穿了特种鞋。”这时罗斯的仆人告诉他，放在客厅里的酒少了半瓶，定是那窃贼贪酒，喝了几口。乔尼听了心生一计，吩咐罗斯：马上写一份声明，在当天的晚报上登出，那窃贼一定会寻上门来。第二天，那窃贼真的来叩罗斯家的门了。罗斯打开了门，躲在屋内的警察马上冲出来抓住了那窃贼。

你知道那份声明中写的是什么吗？

我是答案

大化学家被盗之后

原来，罗斯的声明内容如下：

“我是化学家罗斯。今天回家，我发现家中桌子上绿色酒瓶里的液体给人喝了几口。那不是酒，是有毒液体。谁喝了快到我家服解药，否则两天内有生命危险。请读者诸君阅后，相互转告。万分感谢！”

窃贼见了，害怕极了，顾不上风险，急忙来讨解药。

张老翁遗嘱的奥秘

清朝，某地有位姓张的富户，妻子只生了个女儿便死去了。张老视女儿为掌上明珠，百般溺爱，使其养成一身刁蛮习气。待女儿出落成大姑娘后，张老选了个上门女婿。成亲后，小夫妻对张老并不孝顺。张老为此十分伤心，寂寞之中便重纳一妾。小妾待他百般温柔，照料体贴，过了一年，小妾为他生了个胖儿子，取名一飞。奇怪的是，自生下一飞后，女儿女婿一改常态，居然对张老孝顺起来。为此，张老心中倒也很高兴。

在一飞四岁时，张老染病卧床不起。病危时他将女婿唤于床前悄悄说："我将不久于人世，关于财产问题，小妾不是正房，她儿子没有资格继承我的财产，财产当归你们夫妇，但你们要养活他们母子，不能让他们饿死在山沟里，这就是你们积了阴德了。"说完便拿纸写道："张一非吾子也家财尽与吾婿外人不得争夺。"写完念道："张一，非吾子也，家财尽与吾婿，外人不得争夺。"女婿大喜，一口应诺丈人的请求。

没多久，张老便去世了。留下的小妾和儿子却开始受罪，被张老女婿逐到后院草房居住。小妾充当用人，被百般使唤，吃尽了苦头，过了几年，疾病缠身，丢下小一飞赴了黄泉。一飞在家处处遭白眼，好不容易熬了几年长成了人。他觉得自己完全有理由得到自己的一份财产，便告官要求明判。可县官一见张老女婿递上的那张遗嘱，便无话可说，对一飞的状子不再理睬。

有一天，奉命查访的官员到了这里。一飞不服气，决定直接向这位官员上诉。听完他的诉辞，官员思忖了一下便传唤张老女婿到堂。女婿仍然以岳丈遗嘱为证据递交官员。

这位官员看后微微一笑，读了一遍遗嘱。张老女婿目瞪口呆，无可辩驳，眼睁睁地瞧着那份家业全部被判给了张一飞。

你知道这份遗嘱是什么意思吗?

我是答案

张老翁遗嘱的奥秘

这位官员这样读遗嘱：“张一非，吾子也，家财尽与。吾婿外人，不得争夺。”由此看来，张老明明说“吾婿外人”，他假意把“飞”写作“非”字，是顾虑到一飞幼小，恐怕其被女儿女婿所害。

作为关键证据的一张唱片

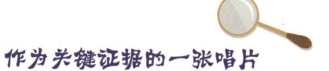

中川洋一郎，是个走红的词作家，同时又是一个十足的花花公子。

随意玩弄女性终有恶报。3月27日上午，人们在中川的公寓里发现了他的尸体。他是被尖刀刺中腹部而死的。

被害时间是前一天夜里10点左右。似乎是在听CD时遭到袭击的。他俯卧在地上，右手攥着一张CD唱片，这是一张贝多芬的第三交响曲。他大概是想留下凶手的线索，在断气之前拼力从CD机旁边的唱片中选出了这盘唱片。

因未发现贵重物品被盗，所以被认为是仇杀或情杀。通过对与被害人有关的人员进行调查，查出以下三人有犯罪的嫌疑：

（1）若月绿：曾与中川同居，但被中川抛弃，非常痛恨中川。

（2）山本英雄：因唱片的版税分配不均而与中川发生争吵，被赶出唱片界，每天晚上喝得酩酊大醉，扬言要干掉中川。

（3）井上茂：他的妹妹因受到中川的诱骗而自杀。他曾发誓要替妹妹报仇雪恨。

以上三个人，都具备杀人动机，并且都没有当时不在作案现场的证明。但是，除了被害人手里抓着的一张唱片外，再没有其他有力的物证。

但是，一位音乐迷刑警却很有把握地说：“凶手就是这个家伙!偏偏3月26日被害，真是个奇妙的巧合。这一天是贝多芬的祭日。贝多芬逝世于1827年3月26日。”

你知道这位音乐迷刑警指出的凶手是三人中的哪一个吗?请讲出理由。

我是答案

作为关键证据的一张唱片

凶手是山本英雄。

因为被害人手里抓着的那张唱片是贝多芬第三交响曲，也称“英雄交响曲”。关于这部作品还有个广为人知的小故事。最初作者原打算将此曲献给法国英雄拿破仑，后来因拿破仑成了独裁的皇帝，作者看透了拿破仑的野心，又气又愤地打消了献给拿破仑的念头。

在杀人现场的证据

姚亮被已怀孕4个月的女售货员孙妍多次逼着要结婚，他烦透了，因为他正和一个女大学生谈着恋爱。他被逼无奈，决定只有杀掉孙妍才是最好的解决办法……

于是，姚亮于星期天晚上8点多钟去了孙妍住的公寓。

孙妍此时正坐在火炉前，逗着她养的两只小鸟。小鸟落在她的手背上，她用嘴给它们喂食，可真是个养鸟迷。

姚亮装做脱外衣的样子，嘴里说着闲话，突然他转到她身后，两手猛地卡住她的脖子。受惊的小鸟一下子飞了起来。姚亮不顾一切地拼命卡，不知卡了多长时间，只觉得两臂发麻，才松开手。孙妍已经瘫在那里断了气，两只小鸟还在房间里飞来飞去……

姚亮乘地铁来到新宿，进了一家弹子店，一直玩到快关门的时候。

“连续玩了4个小时，累得我腰酸腿痛，唉，该到桑拿浴房按摩按摩了。”

他对赠品部的女店员这么说。他把赠品巧克力当做礼品送给了她，便离开了弹子店。这样，她就会记住他了!也就是说，这是他有意安排不在现场的证明。

当姚亮回到公寓时，刑警们早就在那等着他了。

“你认识女招待孙妍吧?今晚8点左右你去她房间了吧?”刑警单刀直入地问。

“不，我没去。我从傍晚开始一直在新宿的一家弹子店玩。她到底出了什么事?”

“9点半左右，她死在公寓自己的房间里，是她弟弟来时发现的。据他讲，被害人肚子里怀着你的孩子。你是嫌她碍事才杀害她的吧!”

刑警们如此判断，让姚亮内心极为吃惊。

“没有的事。我正准备和她结婚。”他这样反驳说。

“你再编造什么骗人的假话也没用了。你看，在杀人现场留下的证据，就在你的外衣上。”刑警冷笑着说。

那么，姚亮的外衣上究竟留下了什么证据?

我是答案

在杀人现场的证据

姚亮外衣后背上留有一块小鸟的粪便。他卡孙妍脖子的时候，根本没注意到小鸟落在他的衣服上拉了屎。

凶器究竟是什么

一天，翠竹公寓的管理员正在打扫院子，突然听到从二楼的3号房间传来女人歇斯底里的喊叫声：“你到底想怎么样?”

管理员抬头望了望二楼3号房间的窗户，苦笑了一下。窗户关着，吵架的声音听不大清楚，但无非就是夫妇间司空见惯的吵架。

3号房间里住着一对年轻夫妇，他们三天两头地吵架。吵架的原因一定是为打麻将的事。男的几乎每天晚上不着家而在外面打牌。今天早上，管理员亲眼看到男的打了通宵麻将后悄悄地回来。

“清官难断家务事”，所以管理员听了也没在意。可是，争吵声越来越厉害。

女的突然像发疯似的号叫起来：“畜生!我杀了你。杀了你我也跟你一道去死。”

管理员隔着窗户玻璃看到，她挥起一根像是棍棒的东西朝男的打去。

“哎呀……”

管理员听到男的痛苦的呻吟声。他感到事态严重，不由得登上台阶，赶到3号房间门前。

然而，此时屋里鸦雀无声，刚才激烈的争吵好像是没有发生过一样。他更觉得这次吵架非同寻常。管理员敲着门问道：“没出事吧?需要帮忙吗?”

“不关你的事!”女的说着，从里面“哐”的一声将门锁上。

管理员觉得事关重大，他决定打110报警。

不大工夫，巡逻车赶来，警官敲开了3号房间的门。

进屋一看，在12平方米左右的屋子当中，年轻的男主人穿着睡衣俯卧着，已经死了。看来好像是被什么棍棒类的钝器有力地击中了头部。死因系脑内出血。然而，在死者身旁却未发现凶器。

“究竟是用什么打的?”刑警向呆立在一旁的女主人询问道。然而她只是闭着眼睛哭，不住地摇着头。

虽然对屋子里面进行了全面搜查，但别说凶器，就连一个能代替凶器的瓶子也没发现。他们只看见，在狭窄的房间里的暖气上放着一条长30厘米左右的大青花鱼，烤得湿漉漉的，大概是准备做午饭的菜肴吧。电冰箱也几乎是空的。

不可思议的是，根据管理员和住二楼的其他人的证词，女的一步也没离开过自己的房间，而且，也没有开窗将凶器扔到外面的迹象。

但是，警官终于恍然大悟了。

到底她是用什么东西将她丈夫杀死的?凶器被藏到什么地方去了呢?

凶器究竟是什么

凶器是暖气上正烤着的那条青花鱼。也许你会感到奇怪：什么?用生鱼也能打死人?当然能!不过是冻得硬邦邦的冷冻鱼。那女人用这条冻鱼将丈夫打死后，又马上放到暖气上烤了。

我是答案

奇怪的爆炸案

某日早晨，颇有名气的职业高尔夫球手青山正彦在高尔夫球场被杀。

这天从早晨起小雨就一直下个不停，没别人来过高尔夫球场，只有青山正彦，他连球童都没带，独自顶着小雨来此练习。突然传出轰的一声爆炸声，高尔夫球场的工作人员吃惊地赶来一看，青山正彦躺在草地上已经死了。从现场看，似乎是小型手榴弹似的东西发生了爆炸，死者的腹部和腿被炸得血肉模糊。

然而，奇怪的是现场只有一根高尔夫球杆，高尔夫球却不知去向，而且也没有罪犯的踪迹。宽阔的高尔夫球场的四周都围着高高的金属网，从外面向里面扔手榴弹也是不可能的。

究竟犯人是用什么凶器将他杀害的呢?总不能是地雷爆炸或是利用直升机从空中扔的炸弹吧!

我是答案

奇怪的爆炸案

凶器是高尔夫球。

罪犯在球中放了炸药，替换了青山正彦用的球。对此毫无察觉的青山正彦，举起球杆用力一击，球便发生了爆炸。

徐知县送贼赏钱

李老头在家门口大骂："哪个该杀的，在半夜里摸了我家一头60多斤的猪!他不得好死!"

有人在他耳边咕噜了一声，他一听，跟着就走，在邻村揪住一个

矮小的中年人吼道："矮冬瓜!我要告你偷猪!"这场官司打到南海县县衙门。

"矮冬瓜"流着泪可怜地说："大人，小民一向循规蹈矩，安分守己，虽然穷了点儿，但哪肯为了一头猪坏了我的名声啊!再说猪走得慢，偷猪人怕被发觉，是不敢在地上赶猪走的，所以他们偷时，总是将猪背在身上。你看，小人瘦骨伶仃，手无缚鸡之力，如何偷得动这头猪呢?"

徐知县认真打量了他一会儿，说："确实如此。我也听说你向来安分守己，又可怜你家境贫寒。这样吧，今赏你十千钱，回家好好做点儿小本生意，切莫辜负我的一片苦心。"

差役很不情愿地搬出好些铜钱，足有六七十斤重，放在堂上一大堆，亮铮铮，金闪闪，喜得"矮冬瓜"连连磕头谢恩："青天大老爷，真是我的再生父母啊!"心里却说："想不到我矮冬瓜一生吃喝嫖赌，弄得倾家荡产，今天时来运转，反而因祸得福哩!嘿!这昏官倒也大方。"弯腰把那一串串钱整理好后，麻利地背在肩上，转身要走。

"慢!"徐知县冷笑道。接着他接连说出了矮冬瓜的几个破绽，矮冬瓜知道无法抵赖，只得说，他偷了猪是卖给某某的。去那户人家一查，果真如此。

你知道徐知县抓住了矮冬瓜的什么破绽吗?

我是答案

徐知县送贼赏钱

矮冬瓜说自己手无缚鸡之力，可是六七十斤重的钱，他像没什么分量似的背上就走，可见那六十斤重的猪他也是背得动的。还有，刚才徐知县并没有问他偷猪的方法，是他自己主动说出来的。由此可见，他对偷猪十分在行。

被谋杀的作家

在盛夏的一天傍晚，某作家在自家的书房死了。他右手握着手枪，被一枪击中头部而死。

桌子上摆着一台电风扇和一封写在一张信纸上的遗书。遗书中说他因情场失意而自杀。

这么热的天，死者应该使用电风扇，但电风扇现在根本不转。经检查，发现电风扇的电源线已经从墙壁的插座上拔出。可能是作家从椅子上翻倒时碰到了电源线才拔出的。

为慎重起见，警察将电源插头插入插座一试，电风扇的开关开着，所以，电风扇又转动起来。

警察见状，马上肯定地说："这不是自杀，是他杀。凶手在射杀作家后，将假遗书放到桌子上，然后逃离现场。"

你知道证据是什么吗?

我是答案

被谋杀的作家

桌子上的遗书是破绽。

插上电源线的插头，电风扇开始转动，桌子上的遗书就会被吹跑。而那份遗书在尸体被发现时仍放在桌子上。

这就是说，被射杀的作家倒地时，碰到了电源线，插头从插座中脱落，使电风扇停止转动，然后凶手才将遗书放到桌子上，毫无疑问这是他杀。

敲诈者被杀之后

穷光蛋大光，读高中时，曾是当红歌星陈微的恋人，两人当时很疯狂、很浪漫，大光还给妙龄的陈微拍过不少照片，其中有的很暴露。

一天，大光突然出现在陈微的面前，手里晃动着那些近乎全裸的她的照片："小美人，你可是今非昔比红起来了，攒了很多钱吧?可能早把我这中学同窗丢到九霄云外去了。"

陈微是位悟性很高的人，很快明白了大光的用意——敲诈钱财!

“我懂了。这样吧，坐我的车先去兜兜风叙叙旧，我会使你满意的。”

陈微将大光诱进车库，让他坐在副驾驶上，并趁其不备，用榔头将其杀死，夺回了那些使她难堪的照片。

陈微将车开到郊野的山路上，然后自己下了车，把大光拖到驾驶席上，让车继续向前翻入谷底。这样就造成了一种假象——大光擅自借用往昔同窗陈微的车，行至山道上时，因方向盘失灵而跌入谷底。

陈微觉得自己干得利落、漂亮，未留蛛丝马迹。然而，数日后，她却被警察局以杀人罪逮捕。当时并无目击者，警方为何认定死者是被陈微送入地狱的呢?

我是答案

敲诈者被杀之后

警方检查现场并拍照后，通过电脑查出了死者大光的个人档案，发现他在世时从未考过驾驶执照，根本不会开车。

陈微聪明反被聪明误，以为男人都会开车，结果百密一疏，露了马脚。

新娘是怎样溺死在浴缸里的

1914年12月，伦敦发生了一件奇特的案件。新娘海伦溺死在浴缸里，那时她正和丈夫安东尼在伦敦蜜月旅行。开始她感到身体不适，安东尼陪她去看医生，后来就回到住处洗澡，却不料死在浴缸里，医生说她患了感冒，加上洗热水澡，可能引起昏厥，以致溺死。管区巡官尼尔着手调查这个案件。房东告诉他，安东尼在租下这套房子之前曾仔细看过洗澡间。测量结果显示铁制的浴缸底部长50英寸，高60英寸。尼尔简直难以想象，一个成年人怎么会淹死在这么小的浴缸里!他又仔细地询问了医生。答复是没有任何暴力行为的痕迹。医生唯一感到不对头的是，死者的丈夫安东尼没有一点儿悲伤的表示，仅仅为死者买了一口最便宜的棺材。尼尔进一步了解到，新娘在死前不久曾留有遗嘱：遗产归安东尼继承。而且死者有保险公司的赔偿费，也归安东尼所有。于是他认定安东尼有重大嫌疑，遂下令追捕安东尼。

在追捕安东尼的过程中，尼尔又获得了情报：在1912年和1913年，曾先后发生过两起新娘溺死在浴缸里的事件。死者都是新婚不久的新娘，死在新婚的蜜月旅游地。开始都是有些病去看医生，一个是心脏病，一个是癫痫病，看病后就溺死在浴缸里，医生诊断为疾病突然发作而导致溺水。不仅如此，死去的新娘都立有遗嘱，财产归丈夫继承。尼尔立即分析出这三名受益的丈夫虽然名字不相同，但很可能是一个人。

安东尼很快被捕。尼尔直截了当地指出：三年里三位被溺死的新娘的丈夫是安东尼一个人。安东尼开始还百般狡辩，但当尼尔要以用化名进行登记的罪名对他起诉时，他只得承认了事实：他确实是三名新娘的丈夫。

尼尔从档案中获知：安东尼的真名叫贝龙，生于1872年，是一个保险公司经纪人的儿子，因诈骗和偷窃在好几个监狱里服过刑。但没人看到过他谋杀过人，要提出起诉，必须说明他怎样把受害者淹死而不留下任何暴力痕迹的做法和道理。这正是尼尔百思而不得其解的。他向内务部病理学家史比尔伯里请教，邀请他进行法医鉴定。

三只浴缸都被搬到了警察局，史比尔伯里围着浴缸来回徘徊，他觉得，三个被害者中那个患癫痫的新娘最有典型性。她身高5尺7寸，怎么溺死在5尺长的浴缸里呢?如果是癫痫病发作，其症状先是强直性收缩，那她的上半身必然会在浴缸之上，再是强烈痉挛，也绝不可能沉下水面去。受害者的身材与浴缸尺码之间的比例，差异实在太大。但有一点引起了他的注意，三个死者都是头在水下，双腿伸开，两脚伸出水面之上。他终于想明白了罪犯作案的手段。1915年6月22日，贝龙(即安东尼)在老贝莱法庭受审。当尼尔讲述了贝龙所采用的杀人方法时，陪审人员都不寒而栗。凶手也没能否认，贝龙被判处死刑。

这个案件使巡官尼尔名扬世界，他使史比尔伯里成为新兴的法医学大师，推动了法医学成为一门世界性的学科。

你知道罪犯是如何犯罪的吗?

我是答案

新娘是怎样溺死在浴缸里的

当新娘在浴缸里洗澡时，想加害于她不经过一番剧烈的挣扎是无法把她的头按到水里去的。即使头被突然按到水里，她的双手也会及时抓住浴缸的两边或是抓住袭击她的人。那就只有一种解释：一定是凶手抓住了毫无戒备之心的新娘的双脚，在浴缸下端突然把她拉向自己的身边，这样，受害者的上身就会滑到水下，鼻腔和咽喉突然进水，引起昏厥而迅速失去知觉。

一条王妃用过的项链

一天夜里，怪盗斯班化装成贵族青年出席了在M伯爵夫人的别墅举办的一次酒会。M伯爵夫人很喜欢狗，经常喜爱地将长毛小白狗放在膝盖上抚弄着。那是条长着长毛的室内犬。今天夜里夫人也同样抱着小狗兴致勃勃地与三个女士一起聊天。中心话题是演员米赛尔的那条珍珠项链，据说是一位王妃曾用过的项链。

米赛尔将项链从脖子上摘了下来，放到桌子上向大家炫耀。但正在这时，突然停电，室内一片漆黑。一分钟后，就在众人惊慌之际，天花板的吊灯又重新亮了起来。室内恢复了光明。

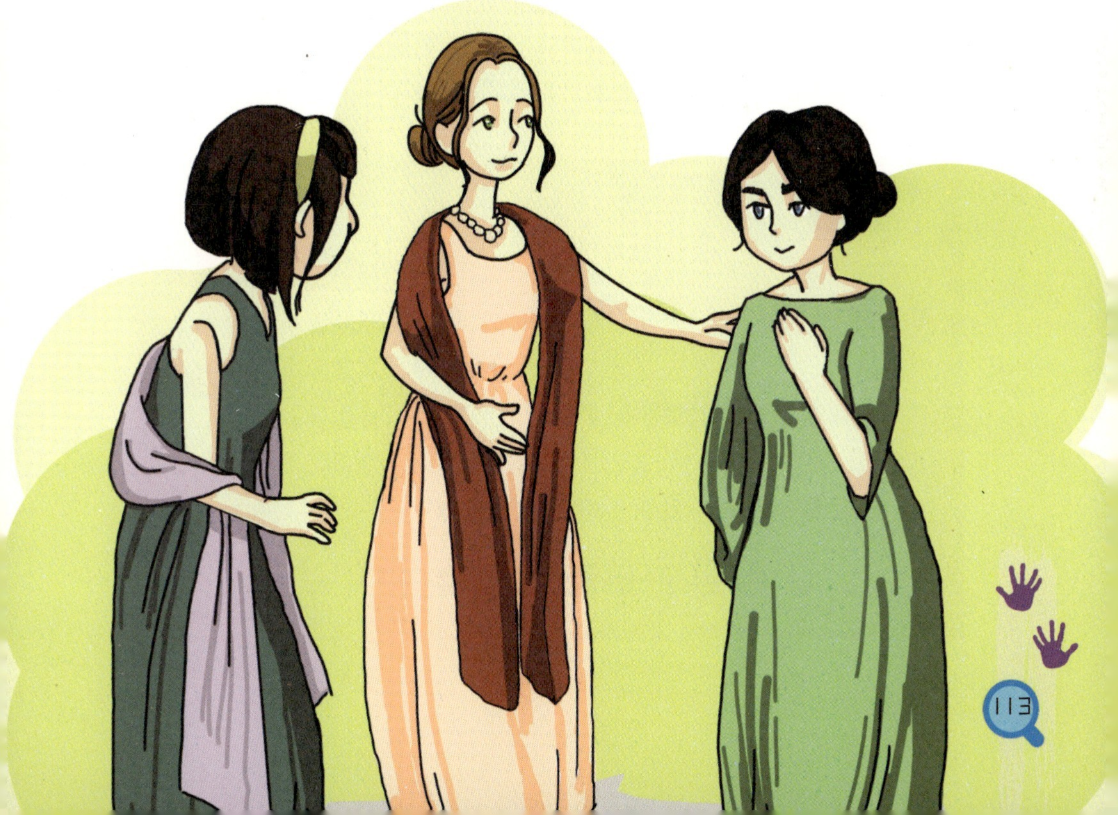

可是，就在同时，米赛尔发出了刺耳的尖叫声。

“啊!我的项链不见了!”

放在桌子上的珍珠项链不翼而飞!是停电期间被盗走的。

当时，斯班等一些男士在另一个房间里。毋庸置疑，罪犯无疑是桌子周围的三名女士之一。

“即使互相怀疑，问题也得不到解决。我们三人还是请米赛尔小姐搜身的好，这样可以证明清白。”

在M伯爵夫人提议下，三人当场让米赛尔进行搜身检查。然而，三人身上都没有!当然，室内找遍了，没找到!因为窗户插着插销，不可能有谁利用仅一分钟的停电间隙开窗把项链扔到室外。如果打开窗户，不仅可以听到开窗的声音，还会吹进风来。并且，停电期间三个女士谁也没离开过桌子一步。

怪盗斯班却突然恍然大悟。在米赛尔报警之前，悄悄地将M夫人叫到房间的角落处耳语几句。

“M伯爵夫人，罪犯就是你吧。你再装傻否认也无济于事。我是非常清楚的，利用停电作案，可谓精彩的表演。明天我再来取被盗的项链。如果你说个不字，我马上就去报警。”

听到斯班的这番话，M伯爵夫人脸色变得惨白。

你知道M伯爵夫人把珍珠项链藏到哪里了吗?

我是答案

一条王妃用过的项链

M伯爵夫人趁停电瞬间，迅速偷了珍珠项链缠到抱着的小长毛狗的身上，然后将狗放出室外。

因为狗毛很长，把项链缠在身上用毛盖住是不易被发现的。并且是白色的毛，更看不清白色的珍珠了。

女演员米赛尔虽然搜身检查了三位女士，但其疏忽之处就在于没去检查长毛狗。

识破司机的谎言

冬天的夜晚显得格外寒冷。8点钟，私人侦探李明家的电话铃响了，是自己的一位老朋友、珠宝店的经理林老板打来的电话：“我的珠宝店被盗，你快点儿来，我叫司机去接你!”他语气很紧张。大约过了两个小时，林老板的司机到了。

当车子驶回公司后，已是半夜11点了。

“老板应该在二楼，我去请他，请您在这儿稍候。”说完，司机就上楼去了。

李明还没有坐稳，就听到司机的喊叫声：“不好了!不好了!老板自杀了!”

李明大吃一惊。急忙冲上楼去，看见老友吊在天花板的铁管上，脚下有一把椅子横倒在一边。李明和司机赶紧把林老板的尸体移下来。

尸体是温的，似乎死了不到一个小时。

李明搜查死者的身上，并没有遗书，他东摸西摸，却在口袋里找到一块熔化的巧克力。巧克力是锡箔纸包着的，李明打开一看，不由得把怀疑的目光投向司机：“如果没猜错，你就是凶手。你在接我之前，就把他杀了，然后略施手脚，造成假象，对吗?”

“怎么可能?我接你来回三个小时，如果我杀死老板，尸体应该是冰冷的。何况屋内无暖气设备。莫非你认为我是刚才在楼上杀死他的吗?”

“你是用了自以为巧妙的计谋，演了一场不在现场的戏。”

李明是根据什么识破司机的谎言的呢?

我是答案

识破司机的谎言

司机把林老板勒死之后，伪装他上吊自杀，然后用电热毯把尸体裹好，才开车去接李明。司机外出三个小时回来后，乘李明在下面等候，迅速上了二楼，把尸体上的电热毯取下来，所以三个小时后尸体依然是温的。可是，放在林老板口袋中的巧克力，也同样因高温而熔化。所以，李明识破了司机的谎言。

一个有嫌疑的女画家

一个初夏的晚上，为了调查一个案子，私人侦探亨特正在访问一个有嫌疑的业余女画家戴丽丝。她住在豪华公寓的最顶层。

“戴丽丝女士，请问昨天下午3点左右，您在哪儿?”亨特正在请她提供不在现场的证明。

“那时我正在平台上写生，就是这幅画。”

戴丽丝给他看了看放在画架上的一幅油画。画的是从楼顶上仰视摩天饭店的景观，画得很在行。

“因交通事故我住了三个月医院，前天刚出院，所以从昨天起一

直在画画，也好解解闷儿，而且连续大晴天，是多好的日光浴呀。

“怪不得脸黑红黑红的，显得挺健康的样子，我想也是晒的。”略加思索之后，亨特侦探又若无其事地问道：“现在几点啦?不巧我忘了戴表。”

“六点半。”戴丽丝看了看戴在左手腕的手表答道。她的左手五指非常白皙细嫩，美极了，粉色修长的指甲也格外漂亮。

她察觉到亨特侦探敏锐的视线在注意自己的手，便不安地问道：“我的手怎么啦?”

“我不由得被您漂亮的指甲迷住了，您是左撇子吧?”

“噢，是的，那又怎么啦?”

“您晒了两天日光浴，并画画，可左手却一点儿也没晒黑，我觉得有些奇怪。”

“因为左手端着颜料板，所以没晒着……”戴丽丝的话说了一半，突然觉得说走了嘴，慌忙闭上了嘴。

可是，亨特已经发现了破绽，你知道这是为什么吗?

我是答案

一个有嫌疑的女画家

左手拇指应该是晒黑了的。

写生时，因一只手端着颜料板，所以这只手被颜料板遮住晒不着。但是，只有拇指露在颜料板的窟窿外面，照理是被晒的。而戴丽丝的左手五个指头都是很白的，所以才引起了亨特侦探的怀疑。

提供罪犯线索的数码

莱姆警长接到巴特夫人打来的报警电话：巴特先生被绑架了。

巴特是沙布尔镇的首富，拥有百万家产。莱姆警长驾车赶到了巴特的乡村别墅。巴特夫人告诉莱姆警长：“两小时前我接到一个陌生人的电话，说：‘巴特现在还活着，如果你希望巴特继续活着的话，请付给我20万英镑。接到电话，我才知道巴特被绑架了，绑架应该是昨天晚上的事。”

莱姆警长问：“昨天晚上您在哪儿?”

巴特夫人说：“昨天我到姨妈家去了，今天上午才回家，想不到会发生这样的事情。”

“罪犯没讲过以什么方式交付赎金吗?”莱姆警长问。

“他只是让我把20万英镑准备好，什么时候交钱，交到什么地方，他说：‘我会再给你打电话的，如果你报警的话，巴特的脑袋就跟身子再见了。”巴特太太抽泣地说。

莱姆警长又询问了巴特的仆人，仆人说：“没看清不速之客的脸，印象中来人40多岁，戴着墨镜，帽檐压得很低……但从巴特先生把来人带进书房这一点可以看出，来人肯定是先生的熟人，因为先生从不将陌生人带进书房。”

莱姆警长见再也问不出有价值的线索，就开始了搜查。书房里没发现外人的痕迹，即使在明显是“客人”用过的咖啡杯上也没留下指纹。鞋印留下了，但明显是经过处理的平底光面鞋，从这儿无法打开缺口。窗子打开了，从窗子到别墅的后门处，留下了巴特的脚印和

“客人”的平底光面鞋印。

“看来，罪犯是逼迫巴特先生从后门出去的，但这并不重要，重要的是这本台历。”莱姆警长对巴特夫人说，“这上面潦潦草草地写着‘7891011’，夫人，昨天您离开巴特先生之前，看到过台历上有这些数字吗?”

“没有，巴特没有往台历上记事的习惯。”

“那么，这说明这数码非常重要，很有可能，这数码代表罪犯的名字，或者是罪犯的地址。夫人，你知道巴特先生得罪过哪些人吗?或者您能否提供一个可疑分子的名单给我?”

“麦克尼尔、舒特、加森、利查斯……可是，巴特所得罪的人不一定就是绑架者呀!”巴特夫人不解地问。

“您已经把罪犯的名字告诉我了，”莱姆警长笑了笑说，“罪犯就是加森。”

警长逮捕了加森，并从加森的地窖里找到了巴特先生。

莱姆警长是怎样推断的呢?

我是答案

提供罪犯线索的数码

莱姆警长做出了以下推理：当罪犯打开窗想逼着巴特从后窗出去时，巴特看见桌上的台历，飞快地在台历上记下了一串数字，但巴特怕被罪犯发现，没敢直接写上罪犯的名字，而是采用了数字代码。7、8、9、10、11这一串数字有什么意义呢?在英语里，7月、8月、9月、10月、11月的开头字母正是：J—A—S—O—N，根据这条证据，他断定罪犯就是Jason(加森)!

“赛过高明侦探”的车夫

举世闻名的《福尔摩斯探案集》一书的作者柯南道尔，有一次在巴黎叫了一辆出租马车。他先把旅行包扔进了车里，然后爬了上去。但还没有等他开口，车夫就说：“柯南道尔先生，您上哪儿去?”

“你认识我?”作家有点儿诧异地问。

“不，从来没有见过。”

“那你怎么知道我是柯南道尔呢?”

“这个，”车夫说，“我在报纸上看到你在法国南部度假的消息，看到你是从马赛开来的一列火车上下来的；我注意到你的皮肤黝黑，这说明你在阳光充足的地方至少待了一个星期；我从你右手中指上的墨水渍来推断，你肯定是一位作家；另外你还具有外科医生那种敏锐的目光，并穿着英国式样的服装。我认为你肯定就是柯南道尔先生。”

柯南道尔连说，“神了，神了”，并夸道：“你能如此从细枝末节观察并判断出一个人，简直赛过高明的侦探福尔摩斯!”

马车在行进着，柯南道尔目光一瞥，方知车夫有一半是吹牛。

你说，柯南道尔为何又认为车夫一半是吹牛?

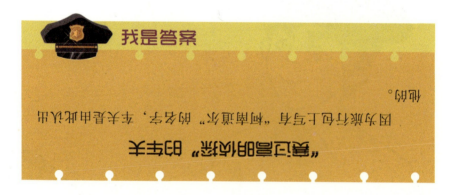

我是答案

“赛过高明侦探”的车夫

因为旅行包上写有“柯南道尔”的名字，车夫是由此认出他的。

为什么没有凶手的脚印

雨后天晴的早晨，亨特侦探和朋友小林在公园散步，发现门球场地中心处有一个年轻女子倒在地上。

走到跟前一看，这个年轻女子是背部被刺两刀致死的。尸体旁边丢着一把血淋淋的尖刀。

可是，被昨夜雨水冲洗过的地面上，只留下被害人来现场时留下的高跟皮鞋的脚印，此外没有任何足迹。

“真怪，怎么没有凶手的脚印?一定是下雨前或正下着雨时杀了人逃跑的。”小林说。

亨特侦探肯定地说：“不对，如果那样，被害人的高跟皮鞋印儿也该一块儿被冲掉的。尸体旁边还留着斑斑血迹，凶器尖刀上的血也没被冲掉，说明是雨停后杀的人。高跟鞋很小，凶手绝不可能是踩着高跟鞋印逃走的。”

亨特侦探为此还特意将死者的高跟皮鞋脱下来，与地面上的鞋印进行核实比较。高跟皮鞋印和鞋是一致的，肯定是被害人走着来的脚印。

“那么，难道凶手是无腿的幽灵?或者说，凶手长了翅膀从空中飞来杀了被害人?怎么可能!”小林感到不可思议。

亨特侦探看了看四周，无意中发现铁丝围墙的门口有一个存放物品的铁柜和洗手用的水龙头，他突然明白了：“原来如此，我知道了。凶手用极简单的手段处理掉了自己的脚印。”

你知道凶手是怎么做的吗?

我是答案

为什么没有凶手的脚印

用淋浴器冲掉了足迹。

将淋浴器的皮管接在水龙头上，凶手边冲洗脚印边退出场。这样，淋浴器喷出的水流就可以将脚印冲掉。渗水好的地面，淋浴器喷水也不会留下痕迹。然后凶手退到铁丝围墙外面，再拔掉皮管离去。

说谎的秘书

一天夜晚，在某个旅馆的上等客房中，几天前住进来的一位董事长被人杀害了。他背部中了两发子弹。

迪拉尔警官请来著名侦探里根协助破案，两个人在现场开始进行搜索证据的工作。

死者所住的是一间很豪华的房间，四壁洁白，地上铺着很厚的地毯，一盏华丽的吊灯悬挂在房间正中。

迪拉尔警官向里根介绍情况说：“死者是在接电话时被人从背后

开枪打死的。死者倒下时松开电话机，听筒垂在他的身旁，可以断定当时凶手一定也在房间里。”

“是谁和被害者通电话呢?”

“是被害者的秘书。他现在正在隔壁的房间里等着，我去把他叫来。”

警官把被害者的秘书叫来。他是个身高1.8米的英俊青年。他说：“当时，我正在外面的公共电话亭和董事长通电话。突然听见话筒里传出两声枪响，我大吃一惊，急忙问董事长发生了什么事情。但是，只听见董事长痛苦的呻吟声和凶手逃走时的脚步声。因此，我想董事长可能遇到了什么意外，就立刻通知了警方。”

里根在秘书讲话时一直注视着他的表情，提问道：“董事长临死的时候，有没有提到凶手的名字?”

“没有，他什么话也没说。”

“你不要再演戏了，不要以为警方可以哄骗，你所编造的谎言骗不了我。我想你就是杀害董事长的凶手。你杀死董事长之后，伪装了现场，把电话机垂在死者身边，然后跑到公共电话亭打电话通知警方，造成你不在现场的假象。”

里根一下子就戳穿了秘书的谎言。

你知道，里根发现了什么破绽吗?

我是答案

说谎的秘书

秘书说，他从话筒中听到凶手离开现场时的脚步声。这是不可能的。因为在上等客房中，地上铺有很厚的地毯，尽管他能听到枪声、呻吟声，却不可能听到凶手的脚步声。可见，秘书是在说谎。

因疏忽露出的马脚

两名武装歹徒冲进一家银行，抢了钱后，立即乘二辆福特车逃跑了。一个银行职员记下了车子的号码。

一刻钟后，布伦茨警长就带着助手赶到了现场。正在他们谈论案情时，突然发现了要找的那辆福特车。它刚从警车旁经过。

警官克勒姆叫了起来："这不可能，车子的牌号、颜色、车号都对。"他们赶到前面，将车拦下。车里是一位年轻男子，名叫隆多。布伦茨警长对隆多进行了审问。虽然发现他跟这起银行抢劫案有关，可是由于他不可能在现场，只能又将他放了。

事后调查，歹徒从那家银行抢走75000马克新钞票。

没过几天，又发生了一起银行抢劫案，作案车还是上次那辆。案发不久，隆多开车通过一个检查站，他没有停车检查却径直往前开。

警察拦下他说："你没有看见停车牌吗?得罚10马克!"

"下次一定注意。"隆多给了警察一张10马克的纸币。

两天后，警方逮捕了他，理由是与银行抢劫案有关。

"不可能，"隆多说，"我不在现场!"

布伦茨警长佯笑道："但你是主谋。你找了两个朋友，又弄了一辆完全相同的车。每次抢劫银行，你就将警方的注意力吸引到自己身上来，他们就趁机跑了。但是，这次你犯了个小小的错误，结果露了马脚!"

你能猜出隆多在何处露了馅吗?

我是答案

因疏忽露出的马脚

隆多交罚款的那张10马克的钞票，是被抢劫的75000马克中的一张。

一件棘手的案子

推理作家太郎正在赶写一篇书稿，虽然交稿日期就要到了，可他被刚才的一则赛马消息吸引住了，满脑子想的都是明天的菊花奖得主会是谁。

正在此时，老朋友小西松本突然来了，一副疲惫不堪的样子，无精打采。

“松本，看你那副样子，一定又遇上了什么棘手的案子了吧?”

“噢，就是那件焚尸案。”

“啊，是那件案子啊!难道凶手还没抓到吗?”

“别说凶手，就连死者的身份还没搞清呢，真难办呀。”小西松本诉苦说。

焚尸案发生在星期日早晨，在郊区的杂木林里发现了一具被烧焦的男尸。凶手杀人后，为了不让人知道死者身份，在深夜移尸到此，浇上汽油将尸体焚烧了。

“全身都烧焦了，漆黑一团，一点儿线索也没留下。可奇怪得很，上衣口袋里装着十几块方糖，因压在尸体身下没被烧化。”

“方糖?奇怪，被害人身上带方糖做什么?那么，在离家出走或去向不明的人中，有没有类似的人?”

“有三个人。”

“什么，有三个人?”

“一个是卖马票的酒店老板林田次郎，星期六的夜里，在酒吧喝了酒之后去向不明。据说当时他身上还带着100万日元的现金。”

“那么，可能是谋财害命。”

“另一个是南川伸一，一个年轻能干的公司职员。据说从大学时代就喜欢骑马。说是星期六中午去骑马俱乐部练习，离开职员宿舍后，再也没见回来。”

“失踪的理由是什么呢?”

“他是一个花花公子，也许是被恨他的女人杀了。”

“第三个人是谁?”太郎递过来一罐啤酒感兴趣地问道。

“叫北原正也，是赛马报记者，星期六没去采访，而是一大早就钻进了麻将馆，一直玩到晚上九点多钟，说是去洗桑拿浴，走后便去向不明。”

“有被干掉的动机吗?”

“上个月，他发表了A赛马场的比赛舞弊事件的报道，所以可能被人怀恨在心而被干掉的。”

“三个人全是单身生活吗?”

“是的。所以，无法详细了解他们的私生活情况，也就没有办法确认尸体的身份，因此感到很棘手。三个人的年龄、身高几乎相同，血型也一样。”

“从齿型无法辨认吗?”

“死者的牙在近十年没有接受过治疗的痕迹。”

“那指纹呢?”

“也不行了，两只手的十个指头全部都烧焦了。”

“什么办法都不行啊!可是，三个人都和马有关，真是奇妙的巧合啊。”

“我觉得你又是推理作家，又是赛马迷，一定会有什么好主意，才抱着很大希望来找你的。”小西松本一边喝着啤酒，一边想尽快听到这位好友的高见。

太郎看了一会儿记下的三个人的名单，忽然，注意到了什么，“原来如此，明白了，死者就是他。”说着便指给小西看。

那么，死者究竟是谁呢?理由又是什么呢?

我是答案

一件棘手的案子

那具烧焦的尸体上衣口袋里装着方糖。一个男子身上带着方糖出门，按一般人的想法这是不可能的，除非是有什么事情需要才带在身上的，这样一想，那具尸体的身份一下子就清楚了。他就是骑马爱好者南川伸一。那方糖是他在骑马俱乐部练习骑马时喂马用的。

十万美元遗产之谜

吉布森是一位有头脑的艺术品收藏家，出于一种求知的好奇，经常私下帮助检察机关从事疑难案件的侦察工作。

一天，一位年轻的妇女慕名来访，向他讲了这样一件事："我伯父住在芝加哥，终身未娶。他的全部财产大约有十万美元，据说已换成现钞和宝石，保存在芝加哥银行的租赁金库里。然后，通过邮局把金库的钥匙寄给了我，并留下遗嘱，让我在他死后再打开金库继承遗产。上个月他因病去世。料理完丧葬，我去银行。可是，打开金库，里边只放着个信封。"说着，她从手提包中拿出那个信封，递给了吉布森。

这是一个看起来极为普通但年代久远的信封。上面只贴着两枚陈旧的邮票。吉布森把信封拿到窗前的明亮处，对着太阳看，心想：也许这上面有用密写墨水写的遗产藏匿地点。可是他却一无所获。

吉布森歪着头沉思了片刻，突然好像意识到什么，问道："您的伯父有什么特别的嗜好或古怪的性格吗?"

"我只是在孩提时代见过他，所以不太了解。但据说他是个怪人，喜欢读推理小说。"

"原来如此。小姐，请放心，您的遗产安然无恙。"吉布森微笑着把信封交还给她。

那么，十万美元的遗产到底在什么地方呢?

我是答案

十万美元遗产之谜

那两枚旧邮票乃是价值连城的稀世珍品。那位小姐的伯父是个推理小说迷，他将他的全部财产换成了这两枚旧邮票，留给了他的侄女。

盖板开关的秘密

荷兰油画大师戈赫年轻时曾在荷兰哈谷市的美术公司工作。

一天，经理让他送一幅画到一位绅士家里。这个绅士性情古怪，一直过着独身的生活。上个月，戈赫曾经把农民画家米勒的《播种的人》的复制品给他送去。

戈赫来到绅士家里。他见大门开着，就径自走了进去。他听见从卧室里传来一阵阵痛苦的呻吟声，便冲了进去。只见一位警察被击倒

在地，而那个绅士却不知到哪里去了。

“秘密的……从洞里……逃走……地上的……”警察费力地用手指了指床底下。戈赫往床下一看，那里有个像盖板一样的东西，估计那绅士是从这里逃走的。

“盖板的开关……米勒……”警察说着就咽气了。戈赫钻到床下，想把盖板揭开，可是盖板却纹丝不动。

这个警察不是说起米勒吗?这大概指的是米勒的那幅画，这正是上个月他送来的《播种的人》的复制品，是不是与盖板有关呢?戈赫把这幅画取了下来，看了看画框和画后面的墙壁，都不见有什么开关。

为了寻找盖板的开关，戈赫仔细搜遍了房间里的每一个角落。当他在一架钢琴的四周搜寻的时候碰到了琴键，突然想起了音乐。米勒的画与开关没有关系，那么，这“米勒”会不会是别的意思?他终于明白了。

戈赫根据自己的推断，在钢琴上按了两个键。果然，奇迹出现了，床下的盖板启动了，打开了。原来盖板下面是一个洞，绅士把警察打伤以后，就从这洞里通过下水道逃走了。

戈赫弄清了这个秘密通道，才去警察局报案。

你知道戈赫当时是怎么推断，又是怎么做的吗?

我是答案

盖板开关的秘密

戈赫想“米勒”是不是音符1234567中的3和2呢?“米”是3，“勒”是2。试试看吧!戈赫这么一想，就打开钢琴按了一下3和2的琴键。于是，床下的盖板启动，洞口打开了。

这只青铜鼎是假的

某省博物馆发生了一起珍贵文物盗窃案：一尊铸于战国时代的青铜鼎被窃。盗窃者相当狡猾，在现场没有留下任何痕迹，文物不翼而飞，给破案增加了难度。这件大案落到刑警队长老王的肩上。老王是有名的老侦探，破过许多无头疑案。他接到任务后想：“罪犯盗得文物后一定会迅速销赃，说不定也会到风景区搞交易。”

第二天一早，老王带着侦察员小李来到风景游览区。老王和小李都换了便衣。他们一边佯装观赏风景，一边密切观察四周动静。这里鸟语花香，四季如春；奇峰怪石，古木参天。历代文人骚客游览于此，留下了许多诗赋，更有一些走私犯也趁机在这里进行非法交易。老王和小李逛了半天，并没有发现任何异样的动静。小李有点儿泄气，笑老王太笨：“盗窃犯脸上一没刺字，二不挂牌，在这来往如梭的人群中寻找罪犯，岂不是大海捞针。”

老王又拉着小李往僻静处走去，凭老王多年的经验判断，罪犯为避人耳目很可能在人迹罕至的地方成交生意。小李刚刚从警校毕业，头脑里有他破案的一套办法，什么电脑处理、微电波效应……至于察言观色，他认为并不是破案的高明手段。他见老王像猫逮耗子般的警觉，心里觉得好笑。突然，他俩眼睛一亮，同时发现了目标：一个穿着时髦的小伙子叼着烟卷，拿着一尊青铜鼎走过来。这青铜鼎与博物馆被窃的那件一模一样。老王不露声色地走上前去，小李也紧紧跟上。老王走近小伙子，掏出一支烟说：“请借个火。”小伙子很不情愿地将燃着的半截香烟递给老王，老王一边点香烟，一边暗暗地审视着青铜鼎，然后又将烟还给小伙子，道了声谢。

小李看得真切，见青铜鼎确实像博物馆丢失的那尊，想要认真盘问一下，却被老王用一个暗示性手势制止了。老王拉着小李转身走开。

小李不解地问：“老王，你怎么能放他走呢?”

老王指点道：“那是假的，你看那个青铜鼎上刻的是什么字?”

小李回答道：“‘公元前432年奉齐侯令造。’用篆体写的呀!”

“问题就出在这里。”

听完老王的分析，小李恍然大悟，拍着脑袋说：“是啊，我怎么就没有想到呀!”

后来，他们想尽办法，终于抓住了真的罪犯。

你知道老王为什么说这尊青铜鼎是假的吗?

我是答案

这只青铜鼎是假的

战国时期还没有公历。“公元”是根据基督教纪年法制定的历法，这种历法是以基督教的创始人耶稣诞生之日为起点的，而小伙子手里的青铜鼎上，居然采用了几百年之后才产生的历法纪年，难道有人真的能够知道若干年以后的事吗?因此，可以推断，这尊青铜鼎肯定是后人仿造的假古董。

一次起爆成功

公安局缴获了一批犯罪分子自制的炸弹，需要销毁。王科长在起爆器上设了四个按钮，按钮旁分别放着小刀、小圆镜、梳子和雪花膏。他对实习生说：“这四个按钮只有一个可以接通电雷管，请你们根据这四件东西的含义，选定一个按钮，一次起爆成功。”

一位善于思考的实习生思索了一下，上前按下其中一个按钮，炸弹立刻爆炸了。

试问，这实习生按的是哪一个按钮?

我是答案

一次起爆成功

他按的是梳子旁边的按钮，因为梳子有“一触即发”之意，发就是头发。

皮特提出的一个问题

皮特常常应母校W大学的推理小说研究会之邀，去做特别讲座。

“今天，我要讲的是福尔摩斯的一个故事。从《苏阿桥》这部有名的短篇中，取其中的作案手段部分向大家介绍一下……

“某富豪的太太死在池塘的石桥上，是被手枪击中头部当即死亡的。因尸体旁边没留下凶器手枪，所以警察断定是他杀。

“可是，大侦探福尔摩斯发现石桥的扶手上有一块伤痕，便断定此案为自杀。

“这位太太是伪装成他杀的自杀。她将手枪藏起来就是证据。因为如果尸体旁没有凶器，就会被认作是他杀。

“‘那么，她是怎样把手枪藏起来的呢?头部中弹一瞬间就会死的，她是不可能自己再将手枪藏起来的。’助手华生感到很纳闷。

“‘喂，你瞧瞧这石桥护栏上的痕迹，是被什么硬物碰撞过，护栏边被碰掉了一块。是太太将手枪拴在一根长长的绳子上，另一端拴上一块比手枪重得多的大石头，挂在石桥护栏上。这样扣动扳机后，从手中脱开的手枪就会被石头拉着沉入池塘底部，是手枪撞击到石桥护栏边上留下了痕迹。’福尔摩斯回答说。

“潜入池塘水底一找，果然不出福尔摩斯所料，发现了一个长长的绳子拴着手枪沉在池塘水底，另一端拴着一块大石头。

“以上就是《苏阿桥》中的作案手段。然而在科学技术日趋发达的今天，这种手段已不再适用。即使尸体旁边没留下凶器手枪，桥护栏上也没留下撞击的伤痕，也会判明这个太太是自杀的。

“那么，各位，你们知道理由吗？”

最后，皮特向听讲座的学生们提出了这样一个问题。你能回答吗？

我是答案

皮特提出的一个问题

做石蜡实验就会判明。

枪射击后，爆炸的火药微粒就会附在衣服袖口和手上，检查这种火药微粒的方法是石蜡实验。

将溶解的石蜡液体倒在手和衣服袖口上，石蜡凝固后将其取下，火药的微粒就会附在石蜡上面。这是一种特殊的科学药物检查方法。

因此，即使太太伪装他杀，将手枪沉入水底，仍然会有火药微粒附在手上，会很快判明是开枪自杀的。

不在现场的证明

因为某案的调查，亨特侦探去S公寓拜访了住607室的单身中年妇女，询问她昨夜9点钟左右不在现场的证明。

“你真是私人侦探吗?”她两眼充满疑虑地盯着亨特侦探。

“不巧，我的证件没带来，这是我的名片。”

她接过名片，拿到眼皮底下看了看。大概是个近视眼。

“昨天夜里，从傍晚开始我一直一个人在自己的房间里待着。8点至10点钟，我在看书。”

“可是，昨晚一整夜都下着大雨，这个公寓一带因雷击，8点半至9点半不是停了一个小时的电吗?”

“对，是的。”

“那么，你是用手电还是点着蜡烛看的书?”

“不，我家里既无手电也没有蜡烛，可我的确是在看书，如果不相信，请稍等……”她说着从里间屋拿出一本厚厚的书给亨特侦探看。

亨特侦探一看，一时愕然，但马上就明白了，对她的证词确信无疑。

那么，这是本什么书呢?

607

我是答案

不在现场的证明

因为这是一本盲文书。

一语道破天机

从前，潮州有两个商人，一个叫赵三，一个叫周生，准备外出做生意，共同雇了一条船，约定日期一同出发。到了约定的那天，天刚蒙蒙亮，周生来到村外码头的小船上，见船夫张潮还在睡觉，即叫醒问他赵三来了没有。张潮伸伸懒腰，说还没来。周生就进船等待。等啊等啊，太阳都升得老高老高了，还不见赵三的影子。周生有点儿不耐烦了，对张潮说："船家，你到赵三家去一趟，叫赵三快点儿来。"

张潮来到赵三家门口，敲门说道："三娘子，三娘子，快开门呀!"

赵妻开门出来问："什么事呀?"

张潮问："三娘子，三官人怎么还没上船?周先生等着他呢。"

赵三妻惊讶地说："他天没亮就出门去了，怎么，还没上船?"

"是啊，到现在还没上船，他到哪儿去了呢?"张潮急得直搔后脑勺，过了一会，又说："三娘子，你别着急，我们再去找找。"回到船上，张潮把情况说了一遍，周生也很纳闷，两人就分头出去寻找。找了半天，也没见赵三的影踪。

周生生怕连累自己，就去县衙门报案。县令传来周生、张潮和赵妻，一一审问，均说不知赵三去向。县令怀疑可能是三娘子与人私通，谋害丈夫，就逼问三娘子，三娘子坚决不承认。案子久久不能侦破，县令只得将案子报到京城的司法机关大理寺。

大理寺的一位官员杨励打开案卷，仔细分析。突然，他拍案而起：“这真是一语道破天机啊!”立即派人提来张潮，在杨励有力的分析下，张潮吓得浑身哆嗦伏地认罪。原来，那天一大早，赵三就来到张潮船上。张潮见他带着很多钱，顿起邪念，正好又是清早，四顾无人，就把赵三扼死后系上一块石头抛下河去，藏起他的钱财后，又假装睡着，直到周生上船。杨励得到口供，连忙命令在停船处打捞，果然得到一具腐烂的尸体，虽然面目已经认不清了，但根据穿衣打扮还能认出是赵三。这个疑案终于水落石出。

你知道杨励发现了什么证据吗?

我是答案

一语道破天机

杨励发现了这个疑点：张潮去赵家敲门，不呼唤赵三，却连叫三娘子，由此推定，分明是张潮早知道赵三不在房内，因此他就是谋杀赵三的凶手。

一百公斤金块藏在哪儿了

大盗欧文从贵金属店的地下金库里盗出了一百公斤金块，企图放在轿车里，连车一起装上货轮运往国外。

可是，亨特侦探搞到了这一情报，迅速通知了警方。刑警立即赶到码头，在装船前将欧文的车扣了下来。

“请稍等一下，你们要干什么?我这车上可没装任何违禁物品

呀。”欧文抗议说。

“你说谎，从贵金属店盗来的金块就藏在上面吧。是亨特侦探告诉我们的，肯定不会错。”刑警们检查着汽车里面。

可是，搜来搜去，连一块金块也没找到，轮胎和座椅也都检查过了。一无所获的刑警们颇感失望。

“你们瞧，这个亨特侦探!真是智者千虑，必有一失。他竟向警察传递这种捕风捉影的情报。哈哈哈……”欧文冷笑着。

这时，亨特侦探刚好赶到。听了刑警们的报告，他大吃一惊。但他看了一眼汽车，马上就恍然大悟。

“你们是怎么搜查的，黄金不就在你们的眼皮底下吗?”他看了看车，又看了看欧文：‘欧文先生，真遗憾，金块我们可全部没收了!”

那么，大盗欧文到底将一百公斤的金块藏到哪儿了呢?

我是答案

一百公斤金块藏在哪儿了

车体本身就是用黄金制作的。

因为涂上了涂料，所以刑警们全然没有注意到车身会是用黄金制成的。

由于纯黄金很软，又具有黏性，所以能随意加工成各种形状。

一张牌和凶手的线索

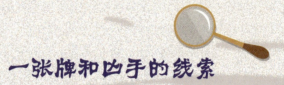

一天早晨，在单身公寓三楼305室，好玩麻将的年轻数学教师被杀。他是被啤酒瓶子击中头部致死的。

在他的房内有一张麻将桌，桌上有很多麻将牌，死者死时手里还摸着一张牌，大概是在断气前，想留下凶手的线索而抓住这张牌的。

被害人昨晚同朋友玩麻将，一直玩到夜里10点左右。这就是说，凶手是在等人都走了以后才下手的。

通过调查，找到四名嫌疑犯。这四人都与被害人同住在三楼。

他们是：住在307室的无业游民刘某；住在312室的个体户赵某；住在314室的汽车司机孙某；住在320室的外地人王某。

那么，凶手是谁?

我是答案

一张牌和凶手的线索

凶手是住在314室的汽车司机孙某。

被害人手里握着的“牌”，与圆周率“π”谐音。圆周率是3.14159……一般是按3.14计算。

因被害人是数学教师，所以在断气前的一瞬间，抓到身旁的一张牌，暗示凶手是住314室的人。

练功密室的奇案

罗斯男爵是个地道的英国绅士，作为一个有着深厚基督教文化教养的欧洲人却十分崇尚东方文化，罗斯年轻时到过亚洲，在印度住过一段时间，在那里学会了瑜伽，回到英国后继续修练瑜伽功。为此他买下了一座旧健身房，把它改造成为练功的场所。罗斯男爵性格内向，又非常虔诚，常把自己反锁在健身房里苦练瑜伽功。他在房里备了食物，往往一两个星期才出来一次。

罗斯从印度带回四个印度人，雇用他们是为了与他们一同研究瑜伽术，想把瑜伽术介绍到西方来。

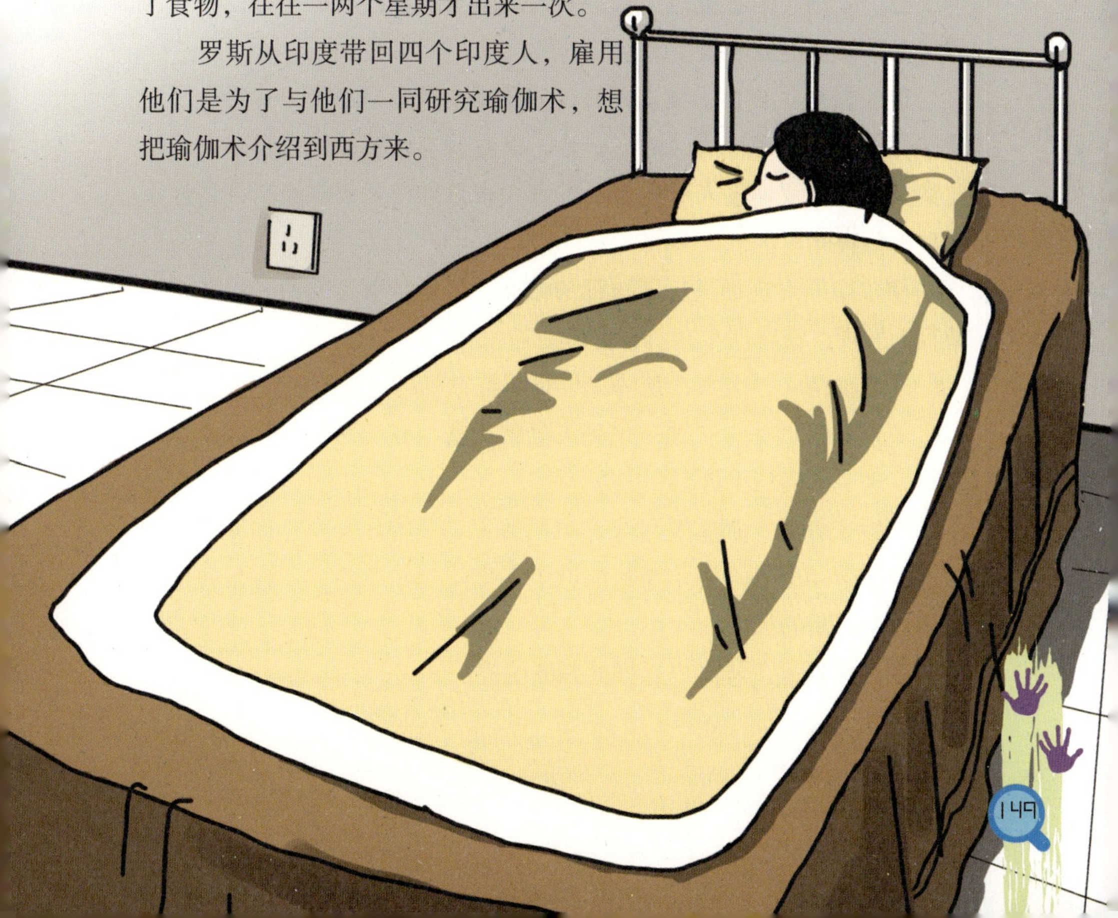

这一天，四个印度人急急忙忙赶到男爵家，向男爵夫人报告：“不好了!罗斯爵爷饿死了!”男爵夫人赶到练功房一看，只见男爵僵卧在一张床上，他准备的食物竟原封不动地放在那儿。两个星期之前，男爵把自己锁在这里，备的食物足足可以维持半个月以上，但他怎会饿死呢?

警察赶来检查了健身房。这是一座坚固的石头房子，门非常结实，又确实是从里面锁上的，门锁并没有被人打开过的任何迹象。室内地面离屋顶有15米左右，在床的上方的屋顶上有一个四方形的天窗，但窗是用粗铁条拦住的，即使卸下玻璃窗，再瘦小的人也不可能从这里钻进去。也就是说，这座健身房是一间完全与世隔绝的密室。警察传讯了四个印度人，因为“首先发现犯罪现场的人”往往最值得怀疑。但四个印度人异口同声地说：“爵爷为了能独自练功，下令不许任何人去打扰他。整整两个星期，我们都没到这儿来过一次。我们不放心，才相约来看望他，敲了半天门没有动静，从窗缝里往里看，才发现爵爷直挺挺地躺在床上……”

警察检查了食物，没发现有任何毒物，因为是冬天，食物也没变质，房里也没发现任何凶器。于是，警察就想以罗斯绝食自杀来了结此案。但是，罗斯夫人对此表示不满，亲自拜访了福尔摩斯，请他出面重新侦查此案。

福尔摩斯对现场进行了详细的侦查，最后从蒙着薄薄一层灰尘的地板上发现：铁床四个床脚有挪位的迹象。

于是他问：“夫人，您的先生是不是患有高空恐惧症?”

罗斯夫人回答：“他一站到高处就头晕目眩，两腿发软，动也不敢动，这个毛病从小就有……”

“原来如此，那案子可以迎刃而解了。”福尔摩斯立即要求警方逮捕那四个印度人。福尔摩斯的助手华生问福尔摩斯：“你是凭什么做出这个判断的?”

福尔摩斯是怎样做出这样的判断的呢?

我是答案

练功密室的奇案

他仔细观察过地上的灰尘，在床脚旁发现四个床脚印痕。当然，也可以这样理解：是罗斯先生自己移动过铁床，但按常理，人们移动床一般只是“拖动”，没有必要把整个床搬起来再放到需要放的地方去。再说，地上没有拖痕，罗斯先生一个人根本搬不动这个铁床。于是他想象出罪犯作案的过程：十几天以前的一个深夜，这四个印度人悄悄爬上屋顶，趁男爵熟睡之机，从屋顶的窗格空隙里，偷偷垂下四条带钩子的长绳子，把男爵连人带床吊到空中。男爵醒来后，发现自己被吊在半空中，吓得半死。他四肢瘫软，根本不敢从高处往下跳，他或许喊叫过，但健身房周围无人经过……就这样一天又一天地过去，吓瘫在床上的男爵终于饿死了。罪犯发现男爵死后，就把绳子松下，将床放回到原处。但是，尽管他们很小心，四只床脚还是偏离了原来的位置。

一个男人往返的足迹

一天清晨，推理作家江川乱山到附近的公园散步。突然，他发现广场正中有一座阳伞似的亭子。公园亭子旁有一个自来水龙头，专供游人洗手用。亭子的独柱下面有一个圈形长椅。倒在长椅下的女人引人注目。

来到跟前一看，女人已死亡，脖子上有绳子勒过的痕迹。

“杀人现场不在这里呀……”江川先生立即产生一种感觉。他冷静地注意观察现场。

这里地面全是水与泥。周围的地面受到昨夜大雨的冲刷，异常

平整光洁。上面有男人往返的一个个足迹，足迹通向公园北口的沙石路。

鉴定的结果，那个鞋迹是体重约为一百公斤的人走后留下的。现场的鞋迹表明，来往都是一样深。

经过缜密侦察，警察发现了一个嫌疑犯。推测是他在别处杀了人，用自己的车把尸体运到公园北口，再背进去，扔到了椅子旁的。

嫌疑犯59公斤，被害者43公斤，合起来有102公斤。江川分析，如果是他背着尸体来，就与鉴定的结果相符了。他推测罪犯回去时，也背着与尸体相同重量的东西。可是，调查表明，在运去尸体之前，嫌疑人不可能把重物预先送到亭子里去，而且也排除同谋作案的可能。

那么，为什么现场的鞋迹来往都是一样深呢?只有解开这个谜，才能使嫌疑人招供。

立即，江川先生指出了罪犯巧妙的手段。显然，在现场，有一样东西可任意调节重量，他利用了这点，伪装加深足迹。

那么，罪犯究竟利用了什么呢?

我是答案

一个男人往返的足迹

罪犯利用了公园亭子旁的自来水龙头。运送尸体到长椅时，罪犯随身带了两三个很大的尼龙袋。这尼龙袋不显眼。弃尸之后，他打开自来水龙头，把水灌进尼龙袋，估计水的重量与尸体重量差不多后，便带着沉重的水袋离开。这样，罪犯来往的重量相同，足迹也就一样深。

酒瓶上的奇怪指纹

犯罪现场在高层公寓九楼906号房间。

被害者身穿短袖运动衫，扑卧在地板的铺席上。他被酒瓶砸中头部，瓶子滚落在衣柜处。

根据现场可以推定：被害者与罪犯一起喝白兰地时，在不提防的情况下被杀害。

衣柜的抽屉被翻得乱七八糟，衣物散乱，不知有什么物品被盗。

“罪犯杀人之后才在衣柜里翻东西，因为作为凶器的白兰地酒瓶上堆着衣服。请马上检查这

个酒瓶上的指纹。”搜查主任向鉴定员命令道。

不久，结果出来了。鉴定员报告说：“从酒瓶上验出三个指纹，不过，指纹是在瓶身上，很奇怪。”

“瓶身。”

“一般举瓶子往下砸时，都抓握细长的瓶颈，没有抓粗大瓶身的。”鉴定员感到很奇怪。

“瓶上没有被害者的指纹吗?”

“没有，好像被罪犯仔细地擦掉了。”

“如果连被害者的指纹也一起擦掉，说明罪犯带手套。我想一定是罪犯擦酒瓶时非常慌张，没想到另一只手碰上酒瓶，所以在瓶身上留下了指纹。”主任断言道。

这时，在公寓各房间里打探的刑警，找到重要线索：“昨晚8点半，有人看见幸子进入了被害者的房间。”

但幸子对谋杀一事矢口否认。提取她的指纹，鉴定结果与白兰地酒瓶上的三个指纹不符。

但是，别人没有作案的动机和机会。

搜查主任两眼望着天花板陷入沉思。片刻之后，他突然恍然大悟：“是的，我明白了。罪犯杀人之后，为了伪装现场，故意在衣柜中乱翻，作为凶器的白兰地酒瓶滚到了衣柜下，只要这条件具备，应该知道瓶上的指纹究竟是谁的。”

搜查主任立刻指明了证实幸子是凶手的办法。这办法是什么?奇怪的“指纹”又是什么呢?

我是答案

酒瓶上的奇怪指纹

搜查主任只需派人鉴定她的脚趾趾纹即可。留在凶器白兰地酒瓶上的，是幸子脚趾的趾纹。

她砸死被害者后，擦净酒瓶上的指纹，随手扔在地上。她到衣柜翻东西时，赤脚的脚趾踩在瓶子上。她只注意手上的指纹，没注意脚上的趾纹，因此留下罪证。